Anselm Grün

Konflikte bewältigen

Das Buch

Kein Leben ist ohne Konflikte. Jeder erlebt sie immer wieder, im Alltag mit anderen, aber auch in seiner persönlichen Entwicklung. Konflikte können auch die Gemeinschaft voran bringen. Oft haben sie die Funktion, neue Entwicklungen zu fördern und Beziehungen zu klären. Doch sie können auch blockieren, lähmend und verletzend sein, wenn sie nicht richtig angegangen und gelöst werden. Anselm Grün, der erfahrene Begleiter von Menschen in schwierigen Konfliktsituationen, weiß, wie nutzlos es ist, Konflikte zu verdrängen oder unter den Teppich zu kehren, wie schwierig es aber auch ist, wenn eine Spirale von Aggression und Gewalt Verständigung verhindert. In biblischen Erzählungen macht er Strategien der Konfliktlösung deutlich, die durch Erkenntnisse der Psychologie und Konfliktforschung gestützt werden. Er legt diese Texte immer wieder auf die drei Bereiche von Konflikten hin aus: Konflikte in der Familie, Konflikte in der Arbeitswelt und Konflikte in Gemeinschaften. Ein ebenso spannendes wie hilfreiches Buch.

Der Autor

Anselm Grün OSB, Dr. theol., Mönch des Klosters Münsterschwarzach, geistlicher Begleiter und weltweit erfolgreicher Autor für Lebensthemen. Unter seinen Büchern zuletzt: Das Buch der Segenswünsche; Jeden Tag zur Ruhe kommen. Jahresbegleiter; Was der Seele gut tut; Trauern heißt lieben; Wie wir leben, wie wir leben könnten. Sein Monatsbrief „einfach leben" zu Fragen der Spiritualität und Lebenskunst inspiriert zahlreiche Leser (www.einfachlebenbrief.de).

Anselm Grün

Konflikte bewältigen

Schwierige Situationen aushalten und lösen

FREIBURG · BASEL · WIEN

HERDER spektrum Band 6868

MIX
Papier aus verantwor-
tungsvollen Quellen
FSC® C083411

© Verlag Herder GmbH, Freiburg im Breisgau 2016
Alle Rechte vorbehalten
www.herder.de

Lizenz des Kreuz-Verlags

Umschlaggestaltung: Designbüro Gestaltungssaal
Umschlagmotiv: © shutterstock

Satz: de·te·pe, Aalen
Herstellung: CPI books GmbH, Leck

Printed in Germany

ISBN: 978-3-451-06868-3

Inhalt

Einleitung 7

Alltägliche Formen der Vermeidung – oder:
Sieben Strategien der Konfliktverdrängung 11

Zeichen des Lebens – oder:
Die Bedeutung von Konflikten
aus psychologischer Sicht 20

Eine alte Tradition des Umgangs
mit Konflikten – oder:
Der benediktinische Impuls 25

Kain und Abel – oder:
Die zerstörerische Konsequenz
von Neid und Gewalt 36

Josef und seine Brüder – oder:
Die destruktive Macht der Eifersucht 44

Mose und das Volk – oder:
Der ungelöste Rollenkonflikt 52

Abraham und Lot – oder:
Die konfliktbeladene Nähe 68

David und Saul – oder:
Der Rivalitätskonflikt 74

Petrus und Paulus – oder:
Der Konflikt unterschiedlicher Charaktere 82

Jesu Umgang mit Konflikten – oder:
Wie Konflikte auf gute Weise gelöst werden 93

Worte zur kreativen Konfliktlösung – oder:
Wie wir im Geist Jesu mit Spannungen umgehen
können 108

Versöhnungsrituale 145

Schluss 155

Einleitung

Es gibt kein Leben ohne Konflikte. Jeder erlebt sie in seiner persönlichen Entwicklung: Krisen, schwierige und spannungsgeladene Situationen, die er für sich bewältigen oder zusammen mit anderen lösen muss. Solche Konflikte entstehen in jedem Miteinander. Dass unterschiedliche Werte, verschiedene Zielvorstellungen oder Interessen aufeinandertreffen, das ist ja keineswegs ein Kennzeichen eines schlechten Miteinanders von Personen oder auch Gruppen. Die so entstandenen Konflikte und Auseinandersetzungen können im Gegenteil gerade anzeigen, dass diese Menschen füreinander und aneinander Interesse haben. Sie können also gerade Ausdruck eines lebendigen Miteinanders sein. Gerade weil sie miteinander leben wollen, sind Menschen bereit, miteinander zu streiten, Konflikte auszuhalten und sie zu lösen. Täten sie das nicht, wäre es eher ein Zeichen von Interesselosigkeit und Gleichgültigkeit einander gegenüber. Es gibt manche Idealisten, die glauben, es dürfe bei Menschen, die gemeinsame Werte teilen oder die eine grundsätzlich ähnliche Orientierung haben – religiös oder politisch –, überhaupt keine Konflikte geben. Doch das ist eine Illusion. Gerade in einer lebendigen Gemeinschaft gibt es immer Konflikte. Sie haben die Aufgabe, die Gemeinschaft voranzubringen und neue Entwicklungen zu fördern sowie die Beziehungen zu klären.

In Gesprächen höre ich immer wieder, dass Menschen sich schwertun mit Konflikten. Das Wort Konflikt ist für sie angstbesetzt. Häufig erinnert sie ein Konflikt an die Situation in der Familie, in der sehr oft gestritten wurde. Und dann löst der gegenwärtige Streit die Angst aus, einem würde der tragende Boden unter den Füßen weggezogen. Andere tun sich schwer mit Konflikten, weil in ihrer Familie nie offen gestritten wurde, sondern alles harmonisiert wurde. Konflikte rauben solchen Menschen die Energie. Sie möchten sie am liebsten leugnen. Aber Konflikte lassen sich nicht leugnen. Sonst wird »irgendein Organ, eine Funktion des Körpers, sei es Magen oder Herz oder Blutdruck, es büßen und die Spannung austragen müssen« (Wachinger 28).

Das Wort »Konflikt« stammt vom lateinischen *confligere* (»zusammenstoßen, zusammenprallen«). Wenn Menschen miteinander zusammenstoßen, dann entsteht Energie. Konflikte sind also immer ein Zeichen, dass Kraft im Spiel ist. Und sie wollen uns in unserer Kraft nicht lähmen. Durch den Zusammenstoß könnte vielmehr neue Energie entstehen. Daher ist es wichtig, dass wir solche Auseinandersetzungen nicht von vornherein bewerten, also nicht irgendwelche Schuldigen für den Konflikt suchen. Vielmehr sollten wir ihn nüchtern betrachten und uns fragen: Welches Energiepotential möchte dadurch frei werden? Welche Chance steckt darin? Der Konflikt zeigt ja offensichtlich an, dass die bisherigen Lösungen nicht alle Beteiligten befriedigen.

Manchmal treten die Konflikte durch neue Ereignisse auf, die bei der alten Problemlösung nicht bedacht worden sind. Manchmal tauchen auch Beziehungsprobleme auf, weil womöglich Rivalitätskämpfe bei der gemeinsamen Arbeit unterdrückt worden sind, die irgendwann doch an die Oberfläche kommen und dann das Miteinander blockieren. Es kommt auch immer wieder vor, dass die Beziehungen durch persönliche Verletzungen getrübt sind oder dass einfach durch neue Mitarbeiter das Gleichgewicht, das bisher in der Gruppe herrschte, gestört worden ist.

Es gibt inzwischen viele Bücher über das Lösen von Konflikten. Sie alle geben uns wertvolle Hinweise, wie wir mit Auseinandersetzungen umgehen können. Ich möchte in diesem Buch jedoch von der Bibel ausgehen und von dort her Strategien der Konfliktlösung bedenken. Die Erkenntnisse der Psychologie und Konfliktforschung begleiten mich dabei und helfen mir, in den biblischen Texten konkrete Wege zu erkennen, wie wir heute mit den Konflikten umgehen können, die uns treffen. Damit ist kein Allheilmittel angegeben. Denn es gibt in der Bibel beides: Beispiele für eine gute Lösung des Konflikts, aber auch Beispiele, wo die Lösung nicht gelingt.

Die biblischen Konfliktgeschichten sind archetypische Geschichten. Sie erzählen nicht nur von der Vergangenheit. Sie sind vielmehr allgemeine Bilder geworden, die heute genauso aktuell sind wie damals. Bilder sind wie Fenster, durch die wir schauen, um etwa die Schönheit der Landschaft zu erblicken. Bilder bieten uns Perspektiven an, wie wir die Wirklichkeit anschauen. Die biblischen Bilder zeigen uns die archetypischen Strukturen auch heutiger Konflikte. Alle Konflikte haben bestimmte Muster. Diese Muster begegnen uns schon in diesen alten Texten. Es kommt nur darauf an, sie auf unsere heutige Realität hin auszulegen. Dabei sind mir drei Lebensbereiche besonders wichtig: Konflikte in der Familie und in der Partnerschaft, Konflikte in der Arbeitswelt und Konflikte in christlichen Gemeinden und Gemeinschaften.

Doch zuvor möchte ich noch kurz einige psychologische Einsichten zum Konflikt und seiner Lösung sowie einige Erfahrungen der benediktinischen Tradition mit Konflikten beschreiben. Und bevor ich die Möglichkeiten beschreibe, wie Konflikte gelöst werden können, möchte ich auf typische und immer wiederkehrende Formen der Vermeidung einer Konfliktbearbeitung schauen, wie sie nicht nur in kirchlichen und frommen Kreisen, sondern auch in Firmen und Vereinen und auch in Familien und in der Partnerschaft immer wieder vorkommen. Konflikte wahrzunehmen und sich um ihre Lösung aktiv zu kümmern ist etwas anderes, als sie zu verdrängen. Es ist auch etwas anderes als eine Haltung, die einen Konflikt auf jeden Fall vermeiden will und ihn deswegen möglicherweise gar nicht wahrnimmt – nach dem Motto, dass nicht sein kann, was nicht sein darf. Es gibt immer wiederkehrende Muster eines solchen Umgangs mit bestehenden Konflikten, den man nicht wirklich als lösungsorientiert ansehen kann. Sie sollen im Folgenden typologisch kurz dargestellt werden.

Alltägliche Formen der Vermeidung – oder: Sieben Strategien der Konfliktverdrängung

Idealisierung von Harmonie und Geschlossenheit

Nicht nur im kleinen Bereich, etwa in der Familie oder der Partnerschaft, werden Konflikte oft lieber vermieden als offen angesprochen. Die Gründe der Konfliktvermeidung sind verschieden. So führt eine Idealisierung von Harmonie und Geschlossenheit sehr häufig dazu, dass man Konflikte nicht wahrnimmt oder sie verdrängt. Wenn wir hohe Ideale von unserer Gemeinschaft haben, dann stellen die Konflikte unsere Ideale in Frage. Oft erleben wir sie als etwas, das nicht sein dürfte. Wir appellieren an den guten Willen, nach dem Motto: Wenn wir einander lieben würden, dann hätten wir keine Konflikte. Doch solche moralisierenden Appelle helfen im Konflikt nicht weiter. Wir sollen vielmehr mit verschiedenen Interessen und mit Spannungen, die sich aus einem unterschiedlichen Blick ergeben, rechnen und uns nicht hinter unseren Idealen verstecken und die Schuld anderen in die Schuhe schieben. Es geht darum, die Konflikte einfach anzuschauen und darin immer auch eine Chance zu sehen, gemeinsam zu wachsen, gemeinsam nach neuen Lösungen Ausschau zu halten oder etwas zu klären, was in der Gruppe unter der Oberfläche brodelte, aber lange Zeit verdrängt wurde. Wenn ein Konflikt auftaucht, dann können die sich unter der Oberfläche regenden Strebungen nicht mehr übersehen werden. Wir müssen uns der Wahrheit stellen. Das macht demütig. Doch häufig verleugnet man gerade auch in religiösen Kreisen die Konflikte. Die am folgenden Beispiel sichtbaren Mechanismen sind durchaus auch auf andere Kreise übertragbar: Ein Mitarbeiter fühlt sich ungerecht behandelt. Die anderen werden bevorzugt. Er geht zum Vorsteher der Gemeinde und spricht seine Unzufriedenheit mit dieser Ungleichbehandlung offen an. Doch der Vorsteher leugnet den Konflikt mit der Behauptung, das sei nur Einbildung, denn er behandle doch alle gleich. Doch solche Leugnung verstärkt den Konflikt mit dem Mitarbeiter noch mehr. »Der Mitarbeiter ist unzufrieden; er ist nicht nur seinem Vorgesetzten gegenüber in der schwächeren Position, er war ihm vielleicht auch rhetorisch unterlegen und konnte nicht richtig erklären, was er meinte. Zu seinem ungelösten Problem kommt der Ärger hinzu, im Gespräch ›verloren‹ zu haben. Für diesen Mitarbeiter geht der Konflikt weiter« (Kellner 12).

Was für größere Gruppen gilt, gilt oft auch im Kleinen, in der Familie oder in Partnerbeziehungen. Da herrscht oft die Angst, was die anderen sagen könnten, wenn man in der Familie miteinander streitet. Oder die Ehepartner haben Angst, dass die Kinder an ihrem Konflikt leiden könnten. Doch die Kinder spüren auch den nicht ausgetragenen und ungelösten Konflikt. Andere haben Angst, dass der Konflikt sie auseinandertreibt. Lieber leben sie unter dem Schein der Harmonie, als sich den tieferen Konflikten zu stellen. Und manche haben Angst, sich der eigenen Wahrheit zu stellen, vor sich selbst einzugestehen, dass die Ehe nicht so ideal ist. Man braucht vor dem eigenen Gewissen das Bild der idealen Ehe, um daran festzuhalten. Wenn man sich die Konflikte eingestehen würde, hätte man Angst, dass dieses hochgehaltene Ideal wie ein Kartenhaus zusammenfällt.

Eine Vermeidung von Konflikten um des angeblich höheren Wertes der Geschlossenheit willen geschieht vor allem in geschlossenen Gemeinschaften und in Gemeinschaften, die von hohen Idealen geprägt sind. Konflikte widersprechen dem Ideal, das eine Gemeinschaft nach außen hin gibt. So tun sich vor allem kirchliche Gemeinschaften schwer, die Konflikte offen anzugehen. Ein Beispiel: Da ist etwa die Bischofskonferenz, die bemüht ist, nach außen hin immer den Eindruck der Einheit der Kirche zu vermitteln. Sie möchte mit einer Stimme sprechen. Aber jeder, der etwas Einblick hat in die Mentalität der einzelnen Bischöfe, weiß, wie unterschiedlich die Meinungen auch da sind und welch harte Auseinandersetzungen da oft unter der Oberfläche und hinter den Kulissen ausgefochten werden. Aber man löst den Konflikt oft nicht wirklich. Nach der Konferenz fühlt man sich verpflichtet, mit einer Stimme zu sprechen. Man muss nach außen hin den Eindruck erwecken, als ob alle einmütig im Geiste Jesu das Gleiche denken würden. Doch das wirkt letztlich unglaubwürdig. Ehrlicher wäre es, die Konflikte offen auszutragen und nicht so zu tun, als ob sie am Ende der Konferenz schon alle gelöst wären. Der inzwischen emeritierte Bischof Franz Kamphaus hatte den Mut, sich in der Frage der Schwangerschaftsberatung der Anweisung Roms zu widersetzen, weil er sie nicht mit seinem Gewissen vereinbaren konnte. Letztlich musste er sich dann doch dem Diktat aus Rom beugen. Aber er hat damit klargemacht, dass er nicht einverstanden war. Auch als er nachgab, hat er seine gegenteilige Meinung zur Frage der Schwangerenberatung nicht aufgegeben. Seine Glaubwürdigkeit ist durch den ausgetragenen Konflikt nicht geringer geworden.

Leugnen oder Ausweichen

Konflikte zu leugnen ist eine nicht seltene Methode, ihrer Bearbeitung auszuweichen. Manchmal leugnen beteiligte Personen einfach, dass überhaupt ein Konflikt besteht. Da kommt etwa eine Frau unter hohem Leidensdruck in die Eheberatung, weil sie mit den Konflikten in der Ehe nicht mehr klarkommt. Doch der Ehemann leugnet jeden Konflikt. Es gehe doch alles gut. Die Kinder machen keine großen Schwierigkeiten, das Einkommen ist gesichert, er ist im Beruf erfolgreich, kurz: Er sieht überhaupt keine Probleme. Aber gerade darin liegt ja der Konflikt, dass der Partner jeden Konflikt leugnet und gar nicht merkt, wie es seiner Frau in der Ehe geht.

Die Strategie solcher Konfliktverdrängung beobachten wir nicht nur in familiären Zusammenhängen, sondern genauso auch in Firmen. Da traut man sich oft nicht, die Konflikte wirklich anzusprechen und anzugehen, aus Angst, sonst könnte ein Vulkan hochgehen. Das Ansprechen des Konflikts könnte alles nur noch schlimmer werden lassen. Unter der Hand spricht man von den Meinungsverschiedenheiten zwischen den Geschäftsführern, zwischen den Mitgliedern des Vorstands. Aber man löst den Konflikt nicht. Die ganze Firma leidet dann unter dem ungelösten Konflikt, der die Tendenz entwickelt, die Firma zu spalten. Manchmal kommt es dann schließlich zur Eskalation des Konflikts, der nicht gelöst worden ist. Ungelöste Konflikte drohen dann ein ganzes Unternehmen zugrunde zu richten.

Kirchliche Organisationen sind der Versuchung von Konfliktvermeidungsstrategien und und ihren problematischen Konsequenzen nicht weniger ausgesetzt als »weltliche« Akteure. Viele Ordensgemeinschaften etwa haben keine geeignete Strategie entwickelt, wie sie mit Konflikten in der Gemeinschaft umgehen. Manche gehen den Weg des geringsten Widerstandes: Jeder kann machen, was er will. Andere versuchen, die Konflikte durch autoritäre Anordnungen zu lösen. Doch unter der Oberfläche schwären die Konflikte oft weiter. Manch eine Gemeinschaft ist schon an einem nicht gelösten Konflikt zerbrochen. Man fand keine gemeinsame Sprache mehr, um die Differenzen anzusprechen. So flüchtete sich jeder in seine eigene Deutung des Ordenslebens. Einzelne wichen den Konflikten aus und engagierten sich für ihr je eigenes Projekt, das ihnen wichtiger war als die Gemeinschaft. Dass Gemeinschaften und Gruppen bei einem solchen Verhalten erodieren können, zeigt die Geschichte.

Aussitzen oder unter den Teppich kehren

Die Art und Weise, wie Konflikte vermieden werden, ist in allen Bereichen ähnlich. Eine weitere typische Strategie besteht darin, die Konflikte zuzudecken. Man meint, es werde irgendwann schon genügend Gras über die Sache wachsen, wenn man nur lange genug schweigend darüber hinweggeht. Es werde sich dann alles von alleine lösen. Zu diesem Zudecken gehört die Mentalität des Aussitzens. Diese Konfliktvermeidungsstrategie hat man ja Helmut Kohl vorgeworfen. Er hat manche Konflikte einfach ausgesessen, bis sie für die Presse und für seine Mitarbeiter nicht mehr interessant waren. Nicht immer ging diese Strategie auf: Am Ende seiner Kanzlerschaft sind viele dieser Konflikte, die »ausgesessen« worden waren, neu aufgebrochen.

Eine andere Strategie heißt: unter den Teppich kehren. Das meint: Man nimmt den Dreck durchaus wahr. Man weiß, da ist viel Unrat. Aber man schafft ihn nicht nach draußen und entsorgt ihn in der Mülltonne. Vielmehr kehrt man ihn unter den Teppich, um ihn unsichtbar zu machen. Aber er bleibt im Haus. Und irgendwann macht sich der Dreck bemerkbar. Ungeziefer sammelt sich in dem unter den Teppich gekehrten Dreck. Und auf einmal wird die ganze Atmosphäre im Haus von den ungelösten Konflikten negativ beeinflusst. Um im Bild zu bleiben: Es kommt zu Atembeschwerden, Stauballergien oder ähnlichen Abwehrreaktionen gegen die unter den Teppich gekehrten Konflikte. Man hat dann mehr mit den Symptomen zu kämpfen als mit dem zugrunde liegenden Konflikt. Die ganze Energie verwendet man auf die Symptome, anstatt den Konflikt zu lösen. Oft wird dann mehr Energie benötigt, diese negativen Folgen zu bewältigen, als wenn man sich dem Konflikt gleich und direkt gestellt hätte.

Die »Schwamm drüber«-Mentalität

Eine andere Strategie könnte man als die Mentalität des »Schwamm drüber« beschreiben. Die Interessengegensätze werden nicht geklärt. Man glaubt, man könne die Dinge unaufgearbeitet sein lassen und einfach wegwischen. Man macht eine oberflächliche Bemerkung, dass doch alles nicht so schlimm sei. Oder wenn der Konflikt angesprochen wird, gibt es die schnelle Reaktion: »Also vertragen wir uns wieder. Betrachten wir alles als gelöst.« Doch es ist nichts wirklich gelöst. Man möchte die Konflikte als Störpotentiale des Zusammenlebens nicht sehen. Aber es ist wie bei einer Schultafel, die ich nur oberflächlich mit dem Schwamm gewischt habe. Die vermeintlich abgewischte Schrift tritt wieder hervor. Und alle, die Augen haben, können sehen, dass da nichts gelöst ist. Die alten einander widerstrebenden Sätze tauchen wieder auf. Und auch ein nochmaliges Wischen würde sie nicht auslöschen. Sie wollen bearbeitet werden. Nur dann wird die Tafel frei für neue Sätze, für Sätze, die aufbauen und ermutigen.

Ausweichen durch Rationalisieren

In allen Bereichen – in größeren Gemeinschaften, Firmen und Familien – gibt es konfliktunfähige oder konfliktscheue Menschen. Wer ihre Biographien betrachtet, wird nicht selten feststellen, dass das meist mit der Vater-Erfahrung zusammenhängt. Wenn der Vater mir den Rücken nicht gestärkt hat, tue ich mich im späteren Leben schwer mit Konflikten. Da werde ich spannungsgeladenen Situationen lieber ausweichen. Ein Weg, in diesem Sinn die Konflikte zu übergehen, ist die Rationalisierung. Das heißt: Ich finde genügend Gründe, um darzulegen, dass es gar keinen Konflikt gibt. Es ist nur ein Missverständnis oder eine Informationslücke. Mit dem Rationalisieren verharmlose ich den Konflikt oder verleugne ihn gar. Die rationalen Argumente klingen oft sehr einleuchtend. Aber in Wirklichkeit sind sie von Angst geprägt. Man hat Angst, den Konflikt zuzugeben, weil damit Emotionen zutage treten, die anzusehen und zu bearbeiten unangenehm wäre. Deshalb braucht man viele »rationale« Gründe, um den Konflikt zu leugnen oder durch tausend Erklärungen zu verharmlosen.

Das Veto der Beleidigten

Eine andere Weise, den Konflikt zu vermeiden, ist die emotionale Reaktion des Beleidigtseins. Konflikte sind letztlich immer emotional. Aber wenn ich beim Ansprechen des Konflikts beleidigt reagiere, dann lege ich gleichsam ein Veto ein, um den Konflikt nicht weiter besprechen zu müssen. Ich bin dann dermaßen emotional betroffen, beleidigt, gekränkt, dass ich jetzt nicht weiter sprechen kann. Ich bestrafe den anderen, indem ich ihm die Kommunikation verweigere. Oder ich stelle mein Beleidigtsein so in den Mittelpunkt, dass der Konflikt in den Hintergrund tritt. Wir können über den Konflikt gar nicht sprechen, weil es nur um mein Gefühl des Beleidigtseins geht. Auf diese Weise vermeide ich es, den Konflikt anzusprechen und zu lösen. Ich übe mit meiner Reaktion, dem Beleidigtsein, letztlich Macht aus. Ich verweigere die Aussprache über die zugrunde liegende Sachproblematik und mache durch den Abbruch der Kommunikation auch die anderen sprachlos. Der eigentliche Konflikt wird tabuisiert und auf eine persönliche Ebene verlagert.

Harmonisierung und Arrangement

Konfliktscheue Menschen sind oft Harmonisierer. Sie haben ein großes Harmoniebedürfnis. Sobald ein Konflikt entsteht, bekommen sie Angst. Der Konflikt zieht ihnen den Boden unter den Füßen weg. Deshalb müssen sie harmonisieren. Sie tun so, als ob alles harmonisch wäre. Und sie beschwichtigen die Konfliktparteien, dass sie sich doch wieder verstehen sollten, es sei doch alles nicht so schlimm. Doch Harmonisierer lösen nichts. Sie akzeptieren den positiven Wert von Aggressionen nicht, leugnen den Konflikt oder schütten eine fromme Sauce darüber. Doch die frommen Worte helfen nicht, den Konflikt aufzulösen – und so schwelt er ungelöst weiter und lähmt dann eine Gemeinschaft. Die anderen trauen sich nicht mehr, die Probleme anzusprechen. Man arrangiert sich in einem »faulen Frieden« miteinander. Aber das Miteinander wird immer schwieriger. Eigentlich lebt man nur noch nebeneinander, weil man alle Reibungspunkte, die die Harmonie stören, vermeiden möchte. Aber ohne Reibung entsteht keine Wärme. Und ohne Wärme wird es in der Gemeinschaft immer kälter.

Zeichen des Lebens – oder: Die Bedeutung von Konflikten aus psychologischer Sicht

Es gibt verschiedene Definitionen von Konflikten. Man kann sie rein äußerlich beschreiben, indem man zeigt, durch welche Dynamik im Miteinander bzw. Gegeneinander von Menschen oder Gruppen, durch welche sachlichen Differenzen oder durch welche Beziehungsprobleme sie ausgelöst werden. Die Autorin Hedwig Kellner bietet eine einfache Definition: »Ein Konflikt entsteht dann, wenn mindestens zwei gegensätzliche Dinge angestrebt werden oder wenn mindestens zwei Parteien das Gleiche wollen und sich dabei gegenseitig Konkurrenten sind« (Kellner 13). Eine andere Definition von Konflikten zielt auf die einzelnen Personen und deren Beziehung ab und beschreibt die Rollen bzw. Erfahrungen derer, die an einem Konflikt beteiligt sind, bzw. zeigt auf, inwieweit sich einzelne Personen von einem Konflikt oder einer Auseinandersetzung negativ betroffen fühlen.

Eine philosophisch ausgerichtete Psychologie geht in der Beschreibung und Deutung noch tiefer. Sie versucht einen tieferen Zugang zu Konflikten als einer Konstante menschlichen Lebens. Der französische Theologe und Psychiater Marc Oraison etwa meint, Konflikte seien Zeichen von Leben. Geboren werden heißt schon: in Konflikt geraten. Das Kind entwickelt sich durch die verschiedenen Konflikte, die es in der Erziehung gibt: den Entwöhnungskonflikt, den Konflikt der Trotzphase, den Konflikt der

Pubertät. Leben ist von Anfang an Wandlung und Entwicklung. Eine innere Entwicklung geht nicht ohne Konflikte. Ständig steht der Mensch im Konflikt zwischen seinem eigenen inneren Spüren und dem Über-Ich, der Stimme in seinem Inneren, die sich von den Maßstäben der Eltern leiten lässt.

Doch der Mensch gerät immer auch in Konflikt mit seiner Umwelt. Das ist zunächst die Umwelt der eigenen Familie. Da geraten junge Menschen in den Konflikt zwischen dem eigenen Willen und dem Willen der Eltern, die ihnen Verbote erteilen und Grenzen setzen, gegen die sie rebellieren möchten. Aber dann gibt es auch die Konflikte am Arbeitsplatz, die Konflikte in der Gruppe, in der man heranwächst. Und es gibt die Konflikte zwischen verschiedenen Gruppen, zwischen den Parteien mit unterschiedlicher Interessenausrichtung, zwischen den verschiedenen Strömungen in einem Verein, in einer Firma, in der Pfarrgemeinde. Auch diese Konflikte zwischen den verschiedenen Gruppen sind unvermeidlich und sind »in gewissem Sinn Ausdruck des Lebens selbst. Sie müssen, wie die zwischenmenschlichen Konflikte, jeder Gemeinschaft zum Anlass dafür werden, über sich selbst hinauszuschreiten und angesichts einer anderen Gruppe ihre eigene Relativität anzunehmen« (Oraison 74f). Die Konflikte erzeugen eine fruchtbare Spannung, die zu einer neuen Entwicklung führen möchte. Jeder Konflikt entlarvt unsere Sicherheit, mit der wir uns gerne einlullen. Er stellt uns in Frage und möchte uns die eigene Wahrheit vor Augen halten. So könnte jeder Konflikt zu einer Bereicherung werden.

Natürlich gibt es Konflikte, die eine Gruppe, die ein Land lähmen können. Und es gibt Konflikte, in denen wir unangemessen heftig reagieren. Dann geht es nicht um die Lösung des Konflikts, sondern um die Auslösung verborgener Konflikte, die aufgrund eines relativ harmlosen Anlasses an die Oberfläche kommen. Aber umgekehrt gilt auch: Wenn man jeden Konflikt vermeiden möchte, dann werden sich unter der Decke vermeintlicher Ruhe und Sicherheit viel heftigere Konflikte herausbilden. In der Psychologie spricht man von latenten Konflikten. Nach außen hin kommen die Mitglieder einer Gruppe gut miteinander aus. Sie sind freundlich und höflich zueinander. Aber unter der Oberfläche fühlt man Spannung und Aggressivität. Man möchte den Konflikt nicht hochkommen lassen, weil man Angst hat, dass es zum großen Knall kommen wird. Aber die Mitglieder fühlen sich von anderen genervt. Der verdeckte Konflikt raubt der Gruppe viel Energie. Eine andere Weise, den Konflikt zu leugnen oder zu verdecken, besteht darin, den Konflikt zu verschieben: »Verschobene Konflikte kommen nicht am Ort ihres Ursprungs zum Ausbruch, sondern an ganz anderer Stelle. Das bekannteste Beispiel ist die alte Geschichte von dem Chef, der zu Hause Streit mit seiner Frau hat, den Ärger am Mitarbeiter auslässt, welcher sich abends an seiner Frau abreagiert« (Kellner 17).

Konfliktlosigkeit ist eher ein Zeichen von Krankheit. Und die Leugnung von Konflikten würde bedeuten, sich selbst zu verneinen. Denn der Mensch ist wesentlich ein Konfliktwesen. Die Vermeidung jedes Konflikts würde das persönliche Wachstum stören. Die Vermeidung oder Verleugnung von Konflikten hat immer mit Angst zu tun. Konflikte wollen zur Bewusstseinserweiterung führen. Wenn wir sie leugnen, bleiben wir innerlich stehen, wir hören – wie Marc Oraison das ausdrückt – auf, zu leben (vgl. 95). Eine Weise, den Konflikt zu leugnen, besteht darin, dass man stur auf seiner Meinung beharrt und die andere gar nicht an sich heranlässt. Das führt dazu, dass der Konfliktpartner sich negiert fühlt. Wer in seiner starren Haltung beharrt, wehrt sich letztlich »gegen einen unterschwelligen inneren Konflikt, den er mit sich herumträgt und den irgendein äußerer Anlass aufzuwecken droht« (Oraison 96). Da man Angst hat, sich selbst in Frage zu stellen, verleugnet man den Konflikt mit anderen Menschen. Doch wer meint, er würde in völliger Harmonie mit der Umwelt leben, »macht sich etwas vor, weil er sich seinen eigenen inneren Wirklichkeiten verschließt« (ebd. 97). Er spürt gar nicht, wer er ist. Er hat sich mit einem Bild identifiziert, das ihn von seinem wahren Selbst trennt. Wenn man mit solchen Menschen spricht, hat man den Eindruck, dass man sie nicht erreicht. Es kann keine Begegnung stattfinden. Es gibt auch Menschen, die sich ihrer Umwelt entziehen. Sie leben wie Fremde in ihrer Umwelt. Nichts kann sie wirklich berühren. Doch das ist Zeichen einer schweren psychischen Erkrankung. Sie leben in ihrer eigenen Welt und nehmen gar nicht wahr, was für Konflikte um sie herum schwelen.

Der Schweizer Psychologe C. G. Jung betrachtet vor allem den Konflikt, dem sich der Einzelne in seinem Inneren ausgesetzt fühlt. Der Konflikt gehört auch für ihn zum Wesen des Menschen. Denn der Mensch ist von Natur aus gegensätzlich gestaltet. Er findet in sich immer zwei Pole: Liebe und Aggression, Geist und Trieb, Verstand und Gefühl. Jung meint, dass die christliche Ethik in Pflichtenkollisionen und damit in unlösbare Konflikte hineinführe. Doch gerade diese unlösbaren Konflikte gelte es auszuhalten. Auf diese Weise komme der Mensch Gott näher. In diesem Zusammenhang ist die tiefenpsychologische Sicht des Kreuzes wichtig. Denn das Kreuz ist für C. G. Jung archetypischer Ausdruck der Gegensätzlichkeit. Das Kreuz bricht den Menschen auf für Gott. Kreuz bedeutet: den Konflikt meiner Gegensätzlichkeit auszuhalten und gerade auf diese Weise auf eine höhere Ebene zu gelangen, auf die Ebene Gottes. »Gerade im äußersten und bedrohlichsten Konflikt erfährt der Christ die Erlösung zur Göttlichkeit, sofern er daran nicht zerbricht, sondern die Last, ein Gezeichneter zu sein, auf sich nimmt« (Jung 448). Der Konflikt ist für Jung also wesentlich mit dem Menschsein gegeben. Der Mensch, der den Konflikt seiner inneren Gegensätze aushält, hat teil am Kreuz Jesu Christi und erfährt gerade so durch Christus die Erlösung, die Ganzwerdung. Jung sieht vor allem den einzelnen Menschen, aber er macht auch klar, wie sich das Innere des Einzelnen auf die gesellschaftliche Wirklichkeit auswirkt. In den Konflikten zwischen den Menschen und innerhalb der Gruppen werden nämlich die inneren Konflikte im Menschen nach außen hin offenbar. Weil wir die eigenen Gegensätze nicht aushalten, projizieren wir sie nach außen. Wir bekämpfen dann die gegensätzliche Meinung der anderen. Wir sollten sie aber als Spiegel für die eigenen inneren Gegensätze sehen. Solange wir unsere gegensätzlichen Pole nach außen projizieren, gibt es keine wirkliche Konfliktlösung. Nur wenn wir in der gegensätzlichen Position eines anderen oder einer anderen Gruppe uns selbst mit unserer inneren Gegensätzlichkeit erkennen, finden wir Wege zur Versöhnung. Die Versöhnung mit der inneren Gegensätzlichkeit führt dann auch zu einer Lösung des äußeren Konflikts.

Eine alte Tradition des Umgangs mit Konflikten – oder: Der benediktinische Impuls

Geschichtliche Erfahrungen

Wenn Konflikte zum Menschsein gehören, dann kann ein Blick in die Geschichte hilfreich sein. Ich wähle dafür die benediktinische Tradition. Die Benediktinerklöster haben schließlich eine jahrhundertelange Tradition der Konfliktlösung entwickelt. Seit 1500 Jahren leben Gemeinschaften nach der Regel des hl. Benedikt zusammen. Manche dieser Gemeinschaften sind im Laufe der Geschichte zerbrochen, oft genug deswegen, weil sie ihre Konflikte nicht gelöst haben. Aber dennoch gibt es heute noch Gemeinschaften, die nach dieser Regel leben. Und manche Klöster in Italien, in der Schweiz oder in Frankreich bestehen seit über 1000 Jahren. Nicht nur in der unruhigen Zeit, als Benedikt seine Regel verfasste, einer Zeit, die noch von den Wirren der Völkerwanderung bestimmt war, bevölkerten ganz unterschiedliche und sicher nicht immer nur einfache Charaktere die Klöster. Und bis heute leben in diesen Klöstern Menschen ganz unterschiedlichen Alters, unterschiedlicher Herkunft und unterschiedlicher biographischer oder spiritueller Prägung. So haben die benediktinischen Gemeinschaften eine große Erfahrung im Lösen von Konflikten. Denn eine Gemeinschaft, die Konflikte verdrängt, würde nicht so lange bestehen bleiben. Diese Erfahrung kann auch für uns heute nutzbar gemacht werden, sowohl für die kirchlichen Gemeinschaften als auch für die Familien oder für Firmen. Denn die Konflikte in den benediktinischen Gemeinschaften betrafen ja nicht nur das Zusammenleben, sondern auch die Arbeit und die wirtschaftliche Ausrichtung eines Klosters.

Keine Idealisierungen

Der hl. Benedikt verzichtet darauf, hohe Ideale für die Gemeinschaft aufzustellen. Denn hohe Ideale führen oft dazu, dass man die Konflikte leugnet. Denn diese stellen ja das Ideal in Frage. Ich habe etwa in einem Meditationshaus mitbekommen, dass die Leitung in den Prospekten ihre hohe Spiritualität verkündete, dass das Team in Wirklichkeit aber von tiefgreifenden Spannungen geprägt und durch Konflikte gespalten war. Wenn eine Gruppe den Mund zu voll nimmt, ist sie immer in Gefahr, Konflikte zu verdrängen. Benedikt spricht sehr bescheiden und konkret darüber, wie die Gemeinschaft zusammenleben sollte und wie sie mit den alltäglichen Konflikten umgehen kann. Er ist Realist und rechnet damit, dass es unter seinen Mönchen ständig Konflikte gibt. Auch wenn die Mönche aus spirituellen Gründen ins Kloster eintreten und ihr Leben Gott weihen, so bleiben sie doch von menschlichen Gefühlen und Interessen nicht verschont. Benedikt trägt daher dem Abt auf, er solle am Schluss von Laudes und Vesper laut das Vaterunser beten, »dass alle es hören können; denn immer wieder gibt es Ärgernisse, die wie Dornen verletzen« (RB 13,12).

Gegenseitige Vergebung

Die Erinnerung an die Vaterunserbitte um die Vergebung soll die Brüder daran erinnern, dass sie sich gegenseitig vergeben sollten. So wird das laut gebetete Vaterunser zu einem Reinigungsritual für die Gemeinschaft. Dem Abt trägt Benedikt auf, dass er sich vor allem um die Brüder sorgt, die schwach sind und sich verfehlen. »Er sei sich bewusst, dass er die Sorge für gebrechliche Menschen übernommen hat, nicht die Gewaltherrschaft über gesunde« (RB 27,6). Er soll sich nicht gekränkt fühlen, wenn es in der Gemeinschaft Konflikte gibt. Er soll sich vielmehr um die kümmern, die in Konflikt mit der Gemeinschaft geraten sind und sich isoliert fühlen.

Benedikt stellt dem Abt Jesus als den guten Hirten vor Augen. Wie Jesus soll er dem verlorenen Schaf nachgehen. Das wird im 27. Kapitel über die Sorge des Abtes für die Ausgeschlossenen deutlich. Da heißt es: »Daher muss der Abt in jeder Hinsicht wie ein weiser Arzt vorgehen. Er schicke Senpekten, das heißt ältere weise Brüder. Diese sollen den schwankenden Bruder im persönlichen Gespräch trösten und ihn zu Demut und Buße bewegen. Sie sollen ihn trösten, damit er nicht in zu tiefe Traurigkeit versinkt« (RB 27,2f).

Den anderen gewinnen

Beim Konflikt mit einem Mitbruder geht es also vor allem darum, ihn zu gewinnen, ihn zu trösten und auf diese Weise zu ermutigen, seinen Weg zu überdenken und umzukehren. Auf gar keinen Fall darf der Konflikt dazu führen, dass die Brüder traurig und depressiv werden. Denn die depressive Energie wird das Zusammenleben auf Dauer blockieren. Benedikt schließt das Kapitel mit dem Bild des Guten Hirten: Der Abt »ahme den Guten Hirten mit seinem Beispiel der Liebe nach: Neunundneunzig Schafe ließ er in den Bergen zurück und machte sich auf, um das eine verirrte Schaf zu suchen. Mit dessen Schwäche hatte er so viel Mitleid, dass er es auf seine heiligen Schultern nahm und so zur Herde zurücktrug« (RB 27,8f).

Eine läuternde Kraft

Immer wieder spricht Benedikt davon, dass Brüder in Streit geraten, dass sie von einem anderen Unrecht erleiden. Er idealisiert seine Gemeinschaft nicht, sondern sieht sie realistisch. Aber zugleich zeigt er Wege auf, wie die Brüder mit diesen Konflikten umgehen sollen. In den sogenannten »Werkzeugen der geistlichen Kunst« fordert Benedikt seine Mönche auf: »Bei einem Streit mit jemandem noch vor Sonnenuntergang in den Frieden zurückkehren« (RB 4,73). Die Brüder geraten also in Streit. Aber sie sollen diesen Streit nicht in die Nacht mitnehmen. Sonst verfestigt er sich in der Seele. Zumindest sollte man innerlich wieder in Frieden mit dem anderen kommen, selbst wenn die Versöhnung nach außen noch nicht möglich ist. Wenn man den Ärger mit in den Schlaf nimmt – so weiß es der Mönchspsychologe aus dem 4. Jahrhundert, Evagrius Ponticus, auf den sich Benedikt bezieht –, dann zerfrisst der Ärger die Seele. Man hat unruhige Träume, und am nächsten Morgen wacht man mit gedrückter Stimmung auf. Daher ist es wichtig, sich am Abend in einem Ritual von allem Ärger und aller Rachsucht zu befreien, die die Konflikte in einem bewirkt haben. Und Benedikt bezieht sich auf die Bergpredigt, wenn er schreibt: »Nicht Böses mit Bösem vergelten. Nicht Unrecht tun, vielmehr erlittenes geduldig ertragen. Die Feinde lieben. Die uns verfluchen, nicht auch verfluchen, sondern – mehr noch – sie segnen« (RB 4,29–32).

Im 7. Kapitel über die Demut beschreibt Benedikt, wie die äußeren Konflikte den Mönch für Gott aufbrechen können. Sie sind eine spirituelle Chance, Demut zu lernen und sich für Gottes Liebe und Barmherzigkeit zu öffnen. So erinnert Benedikt den Mönch bei Konflikten an die Worte aus Psalm 66,10f: »Gott, du hast uns geprüft und uns im Feuer geläutert, wie man Silber im Feuer läutert. Du hast uns in die Schlinge geraten lassen, hast drückende Last unserem Rücken aufgeladen« (RB 7,40). Der Konflikt kann uns also läutern, uns von egoistischen Strebungen reinigen, damit es uns nicht um uns und unsere Macht, sondern allein um Gott geht.

Keine frommen Fluchten

Wir haben schon darauf hingewiesen: In christlichen Kreisen ist man oft in Gefahr, Konflikte zu überspielen. Man sagt: Wir Christen lieben uns, wir streiten nicht miteinander. Doch damit werden die Konflikte, die es in jeder christlichen Gemeinschaft gibt, übersprungen. Und man merkt gar nicht, wie man mit einem solchen moralischen Anspruch Macht ausübt. Denn man vermittelt denen, die anderer Meinung sind, dass sie gegen den christlichen Geist der Nächstenliebe verstoßen. Man möchte alles harmonisieren und jede gegenteilige Meinung dadurch unterdrücken. Benedikt ist da viel realistischer. Er kennt durchaus das Ideal der Gemeinschaft, wie es in der Urkirche gelebt wurde, wenn er am Schluss seiner Regel schreibt: »Sie sollen einander in gegenseitiger Achtung zuvorkommen; ihre körperlichen und charakterlichen Schwächen sollen sie mit unerschöpflicher Geduld ertragen; in gegenseitigem Gehorsam sollen sie miteinander wetteifern; keiner achte auf das eigene Wohl, sondern mehr auf das des anderen; die Bruderliebe sollen sie einander selbstlos erweisen« (RB 72,4–8). Aber Benedikt weiß, dass dieses Ideal zwar in der Wirklichkeit einer fehlerhaften Gemeinschaft angestrebt werden soll, aber letztlich nie erreicht wird. Die Mönche sollen in aller Demut anerkennen, dass sie eine brüchige Gemeinschaft sind, die immer wieder der heilenden Liebe Gottes bedarf und auch der Bereitschaft, die Konflikte, die täglich aufbrechen, auf kluge Weise und im Geiste Jesu anzuschauen und zu lösen. Demut als *humilitas* ist der Mut, hinabzusteigen in die Niederungen des eigenen Menschseins und in die Brüchigkeit der Gemeinschaft. Nur wer demütig ist, bekommt Boden unter die Füße. Er steht mit beiden Beinen auf der Erde. Und diese Demut tut nicht nur der klösterlichen Gemeinschaft gut, sondern auch der Familie und der Firma. Denn auch Firmen sind in Gefahr, sich hohe Idealbilder zu machen, als wären sie die besten und die erfolgreichsten und die Marktführer usw. Doch mit solch großen Worten verdecken die Firmenchefs oft, was auf dem Boden ihrer Firmenrealität alles an Kämpfen stattfindet. Man schwimmt nur oben, aber weigert sich, den Bodensatz anzuschauen, der sich immer wieder bemerkbar macht und das klare und reine Idealbild der Firma trübt.

Gerade in spirituellen Kreisen gibt es die Flucht in die Spiritualität, in das Gebet oder in die Meditation. Grundsätzlich ist es gut, bei einem Konflikt zu beten und die Situation im Gebet Gott hinzuhalten. Das Gebet ist eine Hilfe, beim Konflikt klarer zu sehen, Abstand zu seinen eigenen Emotionen zu bekommen. Und ich erkenne, dass ich nicht allein mit rationalen Argumenten den Konflikt lösen kann. Es braucht auch die Hilfe Gottes. »Aber Gebet darf nicht zur Betäubungsdroge werden. Es darf auch nicht der bequeme Ersatz sein, wenn es unsere Pflicht wäre, aktiv in einen Konflikt einzugreifen und die Dinge zu ändern« (Kellner 61). Es ist sicher auch gut, bei einem Konflikt zu meditieren. In der Meditation kann ich Distanz zu den Problemen und zu meinen Emotionen gewinnen. Aber die Meditation kann auch zur Flucht werden. Eine Frau erzählte mir: »Immer wenn ich einen Konflikt mit meinem Mann habe, geht der in den Keller in seinen Meditationsraum und meditiert. Das macht mich erst recht wütend. Er vermittelt mir mit seiner Meditation: Das Problem liegt allein an dir. Ich bin ja ganz friedlich. Ich kläre alles in der Meditation.« Die Frau hat den Eindruck, dass ihr Mann sich hinter seiner spirituellen Fassade versteckt, dass er es gar nicht an sich heranlässt, wenn er ihr mit seinen Verhaltensweisen oder seiner frommen Argumentation auf die Nerven geht. Er weicht dem Konflikt aus. Und er stellt sich im Konflikt über sie. Er vermittelt ihr: Ich bin der Fromme, du bist die Empfindliche. Wenn du mehr an dir arbeiten würdest, dann hätten wir keine Probleme. Das empfindet die Frau als unfaire Verhaltensweise. Und sie hat recht. Benedikt würde solche frommen Fluchtwege in seiner Gemeinschaft nicht gelten lassen. Da lernen die Brüder voneinander. Und indem sie sich gegenseitig auf ihre Eigenarten einlassen, werden sie mit ihrer eigenen Wahrheit konfrontiert.

Es gibt nicht nur die fromme Flucht des Einzelnen vor dem Konflikt, sondern auch die einer ganzen Gemeinschaft. Sie tut so, als ob sie keine Konflikte hätte. Sie verdrängt die Konflikte gerade durch hohe Ideale, die sie sich setzt. Sie berauscht sich manchmal geradezu an den eigenen Idealbildern, die sie von sich hat. Doch wenn eine Gemeinschaft von sich zu idealistisch denkt, dann verdrängt sie den Schatten. Wo sie nur das Licht in den Mittelpunkt stellt, gibt es sicher auch viel Schatten. Da ist es demütiger, von vornherein seine Schattenseiten anzunehmen. Eine Oberin verkündete nicht nur ihren Schwestern, sondern auch nach außen hin, dass ihre Gemeinschaft ein Haus der Liebe sei. Das ist ein schönes und hohes Ideal. Doch ein Angestellter in diesem Kloster meinte: »Seit wir ein Haus der Liebe sind, wird es immer kälter bei uns.« Wenn man die Ideale zu hoch hängt, werden die Schattenseiten umso schmerzlicher. Wenn eine Gemeinschaft sich selber anpreist, wird sie oft mit ganz menschlichen Konflikten innerhalb der Gemeinschaft konfrontiert. Da ist es gut, den Mund nicht zu voll zu nehmen.

Die fünf Voraussetzungen für ein gutes Klima bei der Konfliktlösung

Wenn wir die Regel Benedikts auf die Konfliktlösung beziehen, die uns heute aufgetragen ist, so möchte ich fünf Voraussetzungen nennen. Die Voraussetzungen gelten natürlich nicht nur für die Gemeinschaft, der Benedikt seine Regel gab. Sie zeigen das Klima an, in dem wir uns den Konflikten zuwenden sollen und in dem dann eine Lösung möglich wird – in zwischenmenschlichen Beziehungen und in größeren Gruppen.

Die erste Voraussetzung besteht darin, dass wir den Konflikt nicht bewerten. Wir dürfen nicht fragen: Wer hat recht, und wer ist im Unrecht? Vielmehr geht es darum, den Konflikt in aller Nüchternheit anzuschauen. Ich darf ihn nicht als persönliche Kränkung verstehen. Wenn ich mit einer vorwurfsvollen Haltung an den Konflikt herangehe, als ob er eigentlich gar nicht sein dürfte, werde ich ihn nicht lösen, sondern nur verstärken. So geht es darum, ihn in aller Demut anzunehmen und in ihm eine Herausforderung zu sehen.

Die zweite Voraussetzung, um einen Konflikt lösen zu können, besteht darin, dass ich jedem der Beteiligten das Recht zugestehe, so zu denken, wie er denkt, und in dem Konflikt seine Meinung zu vertreten und für seine Interessen zu kämpfen. Ich darf nicht mit der Meinung in einen Konflikt gehen, dass jeder Vernünftige doch so denken müsse wie ich. Wertfrei den Konflikt anzuschauen ist gar nicht so einfach. Meistens haben wir doch das Gefühl, dass wir auf der richtigen Seite stehen und den anderen nur von der Richtigkeit unserer Position überzeugen müssten.

Die dritte Voraussetzung, damit aus einem Konflikt etwas Gutes entstehen kann, ist: Genau hinhören, was der andere sagen möchte. Steht hinter seiner Meinung ein ungelebter Traum? Ist er enttäuscht über die Gemeinschaft oder über sich selbst, weil sie seinen Traum nicht leben? Oder steht der Konflikt für etwas anderes, z.B. für den Protest gegen die bisherige Art und Weise, wie sich der andere behandelt fühlt? Oder steht der Konflikt für andere Probleme, die den Konfliktpartner umtreiben? Stehen dahinter ungelöste Probleme in seiner Familie, in seinem Umfeld? Oder stehen persönliche Konflikte dahinter? Denn oft werden persönliche Konflikte nach außen projiziert. Auch bei diesem Hinhören werte ich nicht, sondern versuche, einfach zu verstehen, was den anderen bewegt.

Eine vierte Voraussetzung für die Lösung eines Konflikts besteht darin, dass wir immer wieder nachfragen, wie der andere seine Position sieht, wie er sie erklärt und welche Folgen seine Position hat. Auf diese Weise nehme ich den anderen ernst und dränge ihn zugleich dazu, seine Position klarer darzulegen. Die Fragen, die ich ihm stelle, wollen ihn nicht in die Enge treiben, sondern ihn anregen, sich selber über die eigene Position klarer zu werden.

Die fünfte Voraussetzung, die mir wichtig erscheint, damit die Konfliktlösung gelingt, lautet: Ich hinterfrage mich selber. Ist meine Position wirklich objektiv, oder fließen auch in meine Wünsche ungelebte Träume, verdrängte Bedürfnisse, unterdrückte Konflikte in meiner Seele ein? Wofür steht der Konflikt bei mir? Was will ich damit bezwecken? Geht es mir um eine gute Lösung, oder geht es mir um die Durchsetzung meiner Macht? Ich hinterfrage also meine Motive, um mir selber klarer zu werden, was ich eigentlich in diesem Konflikt möchte. Für mich ist vor allem der ungelebte Traum wichtig, der oft hinter einem Konflikt steht. Ich bin in Konflikt mit der Gemeinschaft geraten, weil sie meinen Traum von einer idealen Gemeinschaft nicht lebt. Ich bin in einen Konflikt mit einem anderen geraten, weil ich spüre, dass der andere mich mit meinen eigenen ungelebten Träumen konfrontiert. Er traut sich, das zu leben, was ich mir verboten habe oder wonach ich mich immer schon gesehnt, mir es aber nie zugestanden habe. Wenn ich den Konflikt so sehe, dann werte ich ihn nicht negativ. Ich versuche vielmehr in mich hineinzuhorchen und nach meinen eigenen Lebensträumen zu fragen. Der Konflikt zeigt mir, dass ich meinen Lebenstraum zu wenig lebe. Aber es geht nicht darum, meinen Lebenstraum den anderen aufzudrängen, sondern darum, in dem Konflikt mit meinem eigenen Lebenstraum in Berührung zu kommen. Dann kann ich überlegen, wie ich persönlich in dieser Situation meinen Lebenstraum so verwirklichen kann, dass er zum Segen für mich und für die anderen wird.

Kain und Abel – oder:
Die zerstörerische Konsequenz von Neid und Gewalt

Eine misslungene Konfliktlösung

Der erste Konflikt zwischen zwei Menschen, den uns die Bibel schildert, ist der zwischen den beiden Brüdern Kain und Abel. Kain ist Ackerbauer, und Abel ist Schafhirt. Beide opfern dem Herrn, der eine von den Ackerfrüchten und der andere von der Schafherde. Die Bibel erzählt auf sehr menschliche Weise, dass Gott auf Abel und sein Opfer schaute, aber auf Kain und sein Opfer nicht. Wir denken, das sei Willkür vonseiten Gottes. Doch es könnte auch bedeuten, dass Kain sein Opfer mit dem seines Bruders verglichen hat und es für weniger wertvoll hielt. Auf jeden Fall ist die Ursache dieses Konflikts Neid. Kain ist neidisch auf seinen Bruder Abel, der offensichtlich das bessere Los gezogen hat. Gott mahnt Kain, er solle aufblicken zu Gott und sich nicht in seinem grimmigen Blick vergraben. Denn hinter diesem Grimm verbirgt sich der Dämon der Sünde. Doch Kain schaut nicht auf zu Gott. Er sieht nur auf sein Zu-kurz-gekommen-Sein, auf seine eigene Minderwertigkeit. Und voller Hass erschlägt er seinen Bruder Abel. Der Konflikt wird gewaltsam gelöst, auf Kosten des Schwächeren. Abel muss sterben, doch Kain hat nichts von seinem Sieg. Der Sieg verwandelt sich in eine Niederlage. Er sagt selbst von sich, dass die Schuld zu groß für ihn ist: »Rastlos und ruhelos werde ich auf der

Erde sein, und wer mich findet, wird mich erschlagen« (Gen 4,14). In der misslungenen Konfliktlösung liegt schon die Strafe für Kain: Er wird seines Lebens nicht mehr froh. Schuldgefühle werden ihn sein Leben lang quälen. Doch Gott mildert die natürliche Folge dieser misslungenen Konfliktlösung ab. Er macht dem Kain ein Zeichen auf die Stirn, damit ihn keiner erschlägt. Und Kain lässt sich in einem fernen Land nieder, weit weg von Gott. Er bleibt allein mit seiner Schuld. Aber er kann trotzdem weiterleben.

Es gibt nur Verlierer

Hier erkennen wir zwei Voraussetzungen für ein Misslingen einer Konfliktbewältigung: Neid und Gewalt. Kain und Abel repräsentieren den typischen Geschwisterneid. Häufig zerstreiten sich Geschwister – nicht als Kinder, sondern als Erwachsene: vor allem dann, wenn es um die Erbschaft geht. Dann geht es letztlich nicht um das Geld, sondern darum, wer der Liebling des Vaters oder der Liebling der Mutter war. Solche Konflikte können oft erbittert geführt werden. Man spricht nicht mehr mit dem anderen. Oft spalten diese Konflikte die ganze Familie. Und manchmal werden sie auch mit Gewalt ausgelebt, nicht unbedingt mit körperlicher Gewalt, aber doch mit seelischer Gewalt. Oder man korrespondiert mit dem Bruder, mit der Schwester nur noch per Anwalt. Und durch den Anwalt versucht man den anderen kleinzukriegen. Manchmal kann das bis zum Ruin des anderen führen, weil man ihm finanzielle Forderungen stellt, die ihn überfordern. Doch auch bei Geschwistern gibt es dann keine Sieger, sondern nur Verlierer. Wenn die Familie auseinanderfällt, dann leiden alle darunter. Sie haben ihre gemeinsame Wurzel abgeschnitten, aus der sie leben. Jeder lebt dann nur noch gleichsam halbiert. Der Schmerz an diesem Leiden taucht immer wieder auf, vor allem dann, wenn man sieht, wie andere Familien zusammenhalten und die Geschwister sich nach dem Tod der Eltern gegenseitig unterstützen und füreinander zum Halt werden. Und wenn man älter wird, hat man den Eindruck: Ich habe keinen, der für mich sorgt. Ich kann mich auf niemanden verlassen oder stützen. Dann kommt der gewaltsam – durch Beziehungsabbruch – »gelöste« Konflikt schmerzlich hoch und nimmt mir meine Lebensfreude.

Der Neid ist auch der Grund für viele Konflikte in der Arbeitswelt. Wenn ich neidisch bin auf die Konfliktpartner, dann werde ich nicht objektiv mit ihnen sprechen können. Alle Gespräche werden durch die Brille meines Neides geführt. Der Neid verschließt meine Ohren. Ich werde den anderen gar nicht wirklich anhören. Ich spüre nur meinen Neid. Und der Neid verzehrt mich. Er macht mich blind für wirkliche Lösungen. Mehr als die Hälfte aller Konflikte in Firmen sind Neidkonflikte. Da sind die Arbeiter in der Produktion neidisch auf die in der Forschung, die einen bequemen Job haben, und auf die im Marketing, die sich ihre Hände nicht schmutzig machen. Wenn die Leute im Marketing zum Beispiel Wünsche an die Produktion haben, werden sie abgeschmettert. Man sagt, das sei nicht machbar. Aber eigentlich steckt der Neid dahinter, der jede Bereitschaft abwürgt, sich mit den beneideten Gruppen zusammenzusetzen, um an einer gemeinsamen Lösung zu arbeiten. Man will eigentlich gar keine Lösung, man will lieber seinen Neid ausleben.

Neid führt auch zur zweiten Voraussetzung für das Misslingen: Es ist die Gewalt. Wenn ich bei der Konfliktlösung meine Macht einsetze und es auf ein Machtspiel ankommen lasse, dann gibt es nur Sieger und Verlierer. Aber das Beispiel von Kain und Abel zeigt, dass es in einer solchen Konstellation keine wirklichen Sieger gibt. Nach außen hin scheint Kain zwar der Sieger zu sein: Er bleibt am Leben, während sein Bruder Abel tot ist. Doch in Wirklichkeit gibt es nur Verlierer. Abel verliert sein Leben, und Kain verliert seine Ruhe und seine Selbstachtung. Wenn ich einen Konflikt durch bloße Macht löse, dann gibt es hinterher nur Verlierer. Denn selbst wenn ich mich gewaltsam durchsetze, werde ich mit dieser Lösung nicht glücklich. Schuldgefühle werden mich zerfressen. Und ich werde nicht wirklich zur Ruhe kommen. Ich werde die Lösung nicht genießen können. Sie wird vielmehr zur Ursache ständiger Spannungen. Denn psychologisch gesehen will keiner immer Verlierer bleiben. Wer verliert, will irgendwie seine Kräfte von Neuem mobilisieren, um seine Niederlage wettzumachen. Wir können das in der Geschichte von Völkern beobachten. So sahen sich etwa Frankreich und Deutschland als »Erbfeinde«, bis man sich nach dem 2. Weltkrieg eines Besseren besonnen hat. So geschieht es auch immer wieder in Firmen, wenn sich eine Gruppe gegen die andere durchsetzt. Und so geschieht es, wenn einzelne Führungskräfte neidisch auf Kollegen sind und durch Intrigen andere zu Fall bringen. Das schadet immer dem Ganzen. Nicht nur, dass die Firma auf diese Weise viele gute Mitarbeiter verliert. Es schadet letztlich auch denen, die auf Kosten anderer auf der Karriereleiter hochgeklettert sind. Sie werden einsamer und verlieren die Unterstützung ihrer Mitarbeiter. Die Gewalt, die sie gegen Konkurrenten innerhalb der Firma angewendet haben, schlägt auf sie zurück. Mitarbeiter kündigen ihre Solidarität auf, und die Führungskräfte brauchen immer mehr Energie, um ihre Weisungen gegen die Mitarbeiter durchzusetzen.

An der Ursache ansetzen

Beispiele gibt es nicht nur aus Unternehmen, sondern auch im kirchlichen Bereich. Schon im Mittelalter wurde die *invidia clericalis* (der Neid der Kleriker untereinander) sprichwörtlich. Da schaut ein Pfarrer neidisch auf den Nachbarpfarrer, zu dessen Gottesdiensten mehr Besucher kommen. Er macht den Konkurrenten schlecht und verbreitet etwa, der würde den Glauben verwässern und die Leute mit unfairen Methoden in seine Kirche locken. Der Neidische muss immer den, auf den er neidisch ist, entwerten. Doch damit wird er persönlich nicht glücklich. Dann gibt es immer wieder auch den Neid zwischen den Priestern und den Laien. Da predigen manche Laien besser als der Pfarrer. Da muss sich der Pfarrer hinter seinem Amt als Priester verstecken und sich über den anderen stellen. Manche lassen dann die Laien gar nicht predigen. Oder sie überlassen ihnen nur die unbedeutenden Anlässe, bei denen sie predigen dürfen.

Neidkonflikte sind unlösbar, wenn nicht an der Ursache angesetzt wird. Der Pfarrer, der vom Nachbarpfarrer beneidet wird, die Frau, die vom Pastor beneidet wird, weil sie besser predigen kann, sie haben keine Chance, den Neid des anderen aufzulösen. Sie sollen sich also nicht selber klein machen, nur damit der andere zufrieden ist. Denn dann schaden sie sich selbst und der Gemeinde. Der Konflikt kann nur dann aufgelöst werden, wenn der Neidische von seinem Neid lässt. Er soll seinen Neid anschauen und schmerzlich wahrnehmen, dass es wehtut, wenn der andere mehr Erfolg hat, wenn er besser predigen kann, wenn er beliebter ist als ich. Das, was ich nicht habe, muss ich betrauern. Dann gelange ich durch den Schmerz in den Grund meiner Seele. Und im Grund meiner Seele komme ich in Frieden mit mir selbst. Da spüre ich mich selbst. Und dann ist es nicht mehr so wichtig, wie der andere ist. Wenn ich meine Würde entdecke, kann ich auch den anderen mit seinen Fähigkeiten würdigen. Wenn ich meinen Wert erkenne, vermag ich auch den Wert des anderen anzuerkennen. Ich habe es nicht nötig, ihn ständig zu entwerten. Nur wenn die Wurzel des Konflikts – der Neid – bearbeitet wird, kann der Konflikt gelöst werden. Meistens ist es dann gar kein Konflikt mehr. Denn dass in der Nachbarpfarrei mehr Besucher in den Gottesdienst kommen, ist objektiv gesehen ja gar kein Konflikt. Wir nehmen es einfach wahr und gönnen jedem seine Weise, Gottesdienst zu feiern und zu predigen.

Aber was mache ich, wenn der andere seinen Neid nicht aufgibt? Dann bleibt mir nichts anderes übrig, als den Neid bei ihm zu lassen. Auf keinen Fall soll ich mich ständig entschuldigen oder klein machen. Denn der andere wird seinen Neid dann trotzdem nicht los. Und ich schade mir selber, ich verbiege mich und kann nicht das leben, was in mir ist. Ich soll mich innerlich abgrenzen vom anderen. Es tut weh, dass ich alles gut meine und trotzdem andere auf mich neidisch sind. Aber ich lasse den Neid beim anderen und lebe das weiter aus, was in mir ist. Ich will den anderen nicht provozieren, seinen Neid nicht herauslocken. Aber ich darf mich auch nicht verstecken. Abgrenzen ist der erste Weg. Der zweite Weg wäre, den anderen anzuerkennen in dem, was gut an ihm ist. Vielleicht braucht er einfach Zuwendung und Bestätigung. Aber es kann sein, dass er meine Anerkennung gar nicht annimmt. Dann lasse ich ihn, wie er ist, ohne mich selbst zu verbiegen.

Ein anderes Beispiel aus einem Unternehmen: Eine Frau erzählte mir von ihrer Arbeit in der Firma. Es mache ihr so zu schaffen, dass ihre Kollegin so neidisch auf sie sei. Die Kunden gehen lieber zu ihr, weil sie freundlich mit ihnen umgeht. Sie hat offenbar eine gute Ausstrahlung, die die Kunden oder auch die Kollegen anzieht. Das neidet ihr die Kollegin. Was kann sie tun? Es hat keinen Zweck, dass sie sich völlig zurücknimmt und alle Kunden und Kollegen immer zu der Kollegin schickt. Denn dann würde sie selber todunglücklich – und sie würde der Kollegin dadurch auch nicht wirklich helfen. Sie sollte die Kollegin nicht provozieren, nicht auf sie herabsehen. Aber sie sollte sich auch nicht unsichtbar machen, damit die Kollegin nicht mehr neidisch sein muss. Die Kollegin muss lernen, mit ihren eigenen Grenzen umzugehen. Ich muss neidlos anerkennen, dass manche bei anderen besser ankommen als ich, dass sie erfolgreicher sind. Wenn ich mich vor lauter Neid in den Konflikt mit dem Beneideten begebe, bin ich immer der Verlierer. Mein Neid wird nie zufriedengestellt. Und ich schade nicht nur mir, sondern auch dem anderen und der ganzen Firma, die durch diesen Neid gelähmt wird.

Josef und seine Brüder – oder: Die destruktive Macht der Eifersucht

Auch in der Josefsgeschichte ist die Ursache des Konflikts zwischen Josef und seinen Brüdern der Neid. Aber hier nimmt der Neid eher die Form der Eifersucht an. Und die Eifersucht führt zum Hass gegenüber dem, auf den man eifersüchtig ist: »Als seine Brüder sahen, dass ihr Vater ihn (Josef) mehr liebte als alle seine Brüder, hassten sie ihn und konnten mit ihm kein gutes Wort mehr reden« (Gen 37,4). Und als Josef in seiner Unschuld ihnen zwei Träume erzählt, in denen sich die Brüder jeweils vor ihm verneigen, da reagieren sie mit Eifersucht: »Seine Brüder waren eifersüchtig auf ihn« (Gen 37,11). Diese drei Gefühle – Neid, Hass und Eifersucht – bringen die Brüder auf die Idee, ihren Bruder Josef zu töten. Als sein Vater Josef zu seinen Brüdern schickt, um zu sehen, wie es ihnen beim Weiden des Viehs geht, sehen sie das als gute Gelegenheit, ihren Bruder zu ermorden. Doch zwei Brüder ziehen sich aus diesem Plan zurück. Der eine will Josef retten – Ruben, der älteste Sohn –, und der andere will sich die Hände nicht mit Blut beflecken – Juda. Er überredet die Brüder, Josef in die Sklaverei zu verkaufen. Auf diese Weise bringt die Sache den Brüdern sogar noch Geld ein.

Verwandlung in beiden Konfliktpartnern

Das Paradox in dieser Geschichte besteht darin, dass Ruben und Juda, indem sie Josef retten, selbst vor dem Hungertod gerettet werden. Gott selbst hat das Unrecht der Brüder verwandelt und es für sie zum Segen werden lassen. Doch Gott handelt nicht ohne die Menschen. Er weckt in Josef den Sinn für Versöhnung. Doch Versöhnung kann es nicht ohne Einsicht in das Fehlverhalten geben. Josef verzichtet auf Rache. Gottes Geist hat ihn dazu befähigt, seinen Brüdern zu vergeben. Aber Josef stellt seine Brüder auf die Probe. Sie sollen sich von ihrem Neid und ihrem Hass distanzieren. Josef wiederholt seinen Brüdern gegenüber das Geschehen von damals. Benjamin, der jüngste Sohn, wird von Jakob genauso bevorzugt wie damals Josef. Aber jetzt wollen die Brüder den Liebling ihres Vaters nicht mehr loswerden. Im Gegenteil, sie solidarisieren sich mit ihm. Sie haben aus ihrem Fehlverhalten Josef gegenüber gelernt. Jetzt tritt Juda selbst für Benjamin ein. Er bietet sich dem Josef an, für seinen Bruder Benjamin bei ihm als Sklave zu bleiben. Als Josef sieht, dass die Brüder wirklich dazugelernt haben, dass sie für ihren Bruder eintreten, da kann er nicht mehr an sich halten. Er weint laut und sagt weinend: »Ich bin Josef, euer Bruder; ich bin's, den ihr nach Ägypten verkauft habt! – Doch jetzt lasst Selbstvorwürfe fahren; wütet nicht länger gegen euch selbst, dass ihr mich hierher verkauft habt. Für euer Leben hat mich Gott selbst euch vorausgesandt« (Gen 45,4f). Der Alttestamentler Adrian Schenker meint zu dieser Weise der Versöhnung: »Die Brüder hätten diese Verzeihung Josefs nicht verstanden und angenommen, wenn sie noch vom alten Hass erfüllt gewesen wären. Sie hätten sich nur äußerlich dem im Augenblick überlegenen Bruder unterworfen, während sie in ihren finstern Gemütern auf die Stunde gelauert hätten, wo sie den zweiten, endgültigen Schlag gegen Josef führen konnten« (Schenker 37f). Indem Josef seine Brüder auf die Probe stellt, werden sie selbst frei von Hass und Neid und können sich so auf die Versöhnung, die ihnen Josef anbietet, mit ganzem Herzen einlassen. Es braucht die Verwandlung in beiden Konfliktpartnern. Josef, der Unterlegene, den Gott letztlich zum Sieger gemacht hat, darf nicht in Rachegefühlen aufgehen. Wenn er sich in seiner Niederlage Gott anvertraut, kann er die Verwandlung seiner Situation durch Gott erfahren. Und Gottes Geist befähigt ihn dann dazu, seinen Brüdern zu vergeben und auch in ihnen den Geist der Versöhnung hervorzurufen.

Ein Konflikt als Chance

Im Nachhinein kann man den Konflikt zwischen Josef und seinen Brüdern als eine große Chance für das Volk Israel sehen. Israel ist in der Hungersnot nicht verhungert, sondern konnte sich zuerst in Ägypten Nahrung beschaffen. Und dann zog Jakob mit seinen Söhnen nach Ägypten. Das Volk erstarkte dort und entwickelte in diesem Wachstum seine nationale Identität. Und Josef, der Unterlegene, bekam eine starke Stellung. Er wurde Stellvertreter des Pharao und regelte die wirtschaftlichen Verhältnisse in Ägypten. Diese Hoffnung sollten wir bei jedem Konflikt haben, dass Gott daraus Segen erstehen lässt, dass zuletzt alle von dem Konflikt und von seiner Bewältigung profitieren und für sich und ihre Gruppe neue Möglichkeiten entdecken.

Die Konstellation bei Familienkonflikten

Der Konflikt zwischen Josef und seinen Brüdern hatte seinen tiefsten Grund im Konflikt der Brüder mit ihrem Vater. Sie waren nicht nur auf Josef neidisch. Sie waren wütend auf ihren Vater, weil er den jüngsten Sohn ihnen vorzog und ihn – so sahen sie es – verwöhnte, während sie die schwere Arbeit machen mussten. Diese Struktur des Konflikts finden wir in manchen Familienkonflikten. Da ist die Aggression der Geschwister dem jüngsten Sohn oder der jüngsten Tochter gegenüber letztlich Rache gegenüber dem Vater oder der Mutter. Man möchte nicht nur die Schwester oder den Bruder mit der Aggression treffen, sondern den Vater oder die Mutter. Man quält die Schwester, hat aber die Mutter im Blick. Der Konflikt kann erst aufgelöst werden, wenn die Geschwister – ähnlich wie Josefs Brüder – Mitleid mit dem Vater oder der Mutter haben. Wenn der Vater oder die Mutter den jüngsten Sohn oder die jüngste Tochter so geliebt haben, haben sie ihre eigenen unbefriedigten Bedürfnisse ausgelebt. Für die Geschwister ist das schmerzlich. Wenn die Geschwister jedoch einsehen, dass ihr Verhalten aus der Bedürftigkeit der Eltern kommt, dann kann sich der Konflikt legen. Dann spüren sie, dass die Eltern ihr jüngstes Kind als Ersatz für ungelebte Träume genommen haben. Und sie können sich hineinfühlen in die bedürftigen Eltern. Sie nehmen Abschied von ihrem idealen Elternbild und sehen die Eltern so, wie sie sind: bedürftig, einsam und voller Sehnsucht nach Liebe, die sie sich gegenseitig nicht genügend geben können, so dass sie die Liebe von einem ihrer Kinder erwarten.

In Familien werden die Konflikte mit den Eltern oft erst nach deren Tod zwischen den Geschwistern ausgetragen. Da hat die ältere Schwester immer für die jüngeren sorgen müssen. Sobald die Eltern gestorben sind, begegnet sie den Geschwistern mit einer Härte, die verletzend ist. Die Geschwister erschrecken darüber, wie hart die ältere Schwester sie behandelt, kritisiert, verurteilt, drangsaliert. Offensichtlich geschieht diese harte Behandlung der Geschwister aus Rache, weil sie sich in der Kindheit vernachlässigt und überfordert gefühlt hat mit der Verantwortung für die Geschwister. Außerdem hatte sie den Eindruck, dass die Eltern nur zu ihr als der Ältesten streng waren, während sie die jüngeren Geschwister milder behandelt haben. All der angestaute Hass, der sich durch die Eifersucht auf die Geschwister in der Schwester angesammelt hat, kommt nun in ihrem harten Verhalten zum Ausdruck. Sie macht sich selber unglücklich, isoliert sich von den anderen und fühlt sich nun auch nach dem Tod der Eltern wieder ungerecht behandelt. In Wirklichkeit provoziert sie selbst, dass die anderen sie ablehnen und sich von ihr zurückziehen. Der Konflikt kann nicht nur zwischen den Geschwistern gelöst werden. Die älteste Schwester müsste zuerst ihren eigenen inneren Konflikt lösen, damit die Beziehung zu den Geschwistern besser wird.

Die Konstellation bei Firmenkonflikten

Die Konstellation, wie sie uns die Josefsgeschichte schildert, erkennen wir auch in Firmenkonflikten. Da kann man den Mitarbeiter nicht leiden, weil er gut mit dem Chef kann oder weil der Chef ihn bevorzugt. Man lässt den Mitarbeiter im Regen stehen, weigert sich, ihm die nötigen Informationen zu geben, damit er sich in Fehler verstrickt. Letztlich bekämpft man in diesem Mitarbeiter den Chef. Man möchte dem Chef heimzahlen, dass er diesen Mitarbeiter so bevorzugt. Oft lassen sich diese Konflikte nicht so leicht lösen, weil man auf den ersten Blick den Konflikt nur zwischen den beiden Konfliktpartnern ansiedelt. Doch in Wirklichkeit ist der Chef in den Konflikt mit hineinverwoben. Nur ist das meistens nicht bewusst. Es muss erst klar werden, wohin die Aggressionen genau zielen. Dann kann man angemessen mit dem Konflikt umgehen. Ein angemessener Umgang wäre, dem Chef zu vermitteln, dass es wehtut, wie er diesen Mitarbeiter bevorzugt, oder ihm gegenüber den eigenen Wunsch nach Beachtung klar auszudrücken. Oft geschieht die Bevorzugung ja unbewusst, oder zumindest gibt sie der Chef nicht zu. Wenn wir sie ihm spiegeln, kann er sein Verhalten überdenken und korrigieren. Und dann wird auch der Konflikt mit dem Mitarbeiter entschärft.

Zu mir kamen einmal Meister, die in einer großen Firma arbeiteten und jeweils einige Mitarbeiter leiteten. Bei einer Befragung der Mitarbeiter bekamen die Meister sehr schlechte Noten. Sie hatten sich so bemüht, ihre Mitarbeiter gut zu führen. Sie verstanden die schlechte Benotung nicht und waren völlig verunsichert. Sie fühlten sich verletzt, weil sie sich alle Mühe gegeben hatten. Sie wussten nicht mehr, wie sie sich ihren Mitarbeitern gegenüber verhalten sollten. Sie waren demotiviert. Im Gespräch wurde ihnen klar, dass die schlechten Noten eigentlich der Geschäftsleitung galten und nicht ihnen. Sie wurden nur zum Sündenbock, dem man die Schuld auflud, die eigentlich woanders angesiedelt war: an der Spitze der Firma. Solange das nicht bewusst gemacht wird, versucht man vergebens den Konflikt zu lösen, weil man an der falschen Schraube dreht.

Die Konstellation bei religiösen Gemeinschaften

Auch in religiösen Gemeinschaften sollte man genau hinschauen, wem der Konflikt wirklich gilt. Ist es wirklich ein Konflikt zwischen Mitarbeitern, oder möchte man in diesem Konflikt nicht letztlich den Pastor treffen oder die Kirchenleitung, mit deren Anordnungen man nicht einverstanden ist? Eine Pastoralreferentin hatte Probleme mit einer Gemeindereferentin im Team. Die Gemeindereferentin überließ ihr alle Arbeit und drückte sich bei jeder Dienstbesprechung vor anfallenden Arbeiten. Das führte dazu, dass die Pastoralreferentin immer mehr übernehmen musste. Der Pfarrer war konfliktscheu und griff nicht ein. Er sah einfach zu, wie die Gemeindereferentin sich auf Kosten der anderen ein bequemes Leben machte. Der Konflikt schwelte lange, weil da nicht nur die beiden Kontrahenten beteiligt waren, sondern letztlich auch der Pfarrer. Aber der wollte jedem recht geben und hielt sich völlig aus dem Konflikt heraus. Er merkte gar nicht, wie er gerade so ein Teil des Konflikts war. Die Spannung hatte sich auch durch die Enttäuschung der Pastoralreferentin über den schwachen Führungsstil des Pfarrers verschärft. Sie fühlte sich von ihm nicht gesehen. Er gab auf jedes Jammern der Gemeindereferentin hin nach. Natürlich war es nicht nur ein Konflikt zwischen den dreien, sondern auch ein innerer Konflikt der Pastoralreferentin. Sie war engagiert und wollte, dass es der Gemeinde gut ging. So übernahm sie immer mehr Arbeiten, bis die Aggression auf die Kollegin wuchs, die sich immer mehr zurücknahm. Die Pastoralreferentin trug in sich den Konflikt aus zwischen den verschiedenen Anforderungen: den eigenen Wünschen, den Bedürfnissen der Pfarrei und schließlich auch dem Bedürfnis nach einem guten Arbeitsklima und nach einer guten Beziehung zum Pfarrer. Ihr Bedürfnis nach Anerkennung führte sie immer wieder dazu, nachzugeben und sich immer mehr aufzubürden, bis sie schließlich zusammenbrach. Auch hier wäre es wichtig gewesen, die Konstellation des Konflikts genauer anzuschauen. Dann hätte man beim inneren Konflikt anfangen und von da aus den Konflikt mit der Kollegin und mit dem Pfarrer als Chef anschauen können.

Mose und das Volk – oder:
Der ungelöste Rollenkonflikt

Rollenwechsel als Problem

Häufig sind Konflikte, auf die wir sowohl im persönlichen Bereich als auch in sozialen Bezügen, etwa in der Familie, in der Kirche oder in der Firma, stoßen, Rollenkonflikte. Da gibt es eine Spannung zwischen dem Bild, das ich von mir habe, und dem Bild, das andere sich von mir machen, zwischen den Erwartungen, die ich an mich habe, und den Erwartungen, die mir von anderen her entgegenkommen. Da klafft eine Lücke zwischen der Rolle, die ich in der Firma spiele, und der Rolle in der Familie; offizielle und private Rolle sind nicht zur Deckung gebracht. Da fühlt sich ein Pastor zerrissen zwischen seiner Rolle als Pfarrer und seiner Rolle als Privatmann. In der Rolle des Pfarrers sollte er den perfekten Priester spielen. Als Privatmann fühlt er sich mit seinen eigenen Bedürfnissen konfrontiert. Oder der Polizist spielt seine Rolle in seinem Beruf. Aber daheim kann er diese Rolle nicht fortsetzen, sonst würden seine Frau und seine Kinder rebellieren. Auch Lehrer müssen daheim die Rolle des Lehrers ablegen. Die Kinder wollen daheim einen Vater oder eine Mutter, aber nicht die Fortsetzung der Schule, in der sie ständig benotet werden. Viele fühlen sich in einem Rollenkonflikt und wissen oft nicht, welche Rolle sie jetzt in diesem Augenblick spielen sollen.

Die Mosegeschichte ist letztlich die Geschichte eines Rollenkonflikts. Da gerät ein einfacher Israelit in den Konflikt, dass er auf einmal vor sein Volk treten und es aus Ägypten herausführen soll. Das einfache Mitglied des Volkes soll jetzt zum Führer dieses Volkes werden. Es ist die Berufung durch Gott, die Mose in den Rollenkonflikt führt. Mose wird von Gott berufen, sein Volk aus Ägypten in die Freiheit zu führen. Mose antwortet mit Bedenken: »Wer bin ich, dass ich zum Pharao gehen und die Israeliten aus Ägypten herausführen könnte?« (Ex 3,11). Er traut sich die Rolle des Anführers nicht zu. Gott antwortet ihm mit der Zusage, dass er bei ihm sein werde. Dann fragt Mose: Was soll ich den Israeliten sagen, wenn sie mich fragen: Wie heißt der Gott, der dir das befohlen hat? Darauf gibt sich Gott als Jahwe zu erkennen: Ich bin der »Ich-bin-da«. Doch Mose ist noch nicht zufrieden. Wenn die Israeliten ihm nicht glauben, was dann? Da gibt ihm Gott einen Stab in die Hand. Wenn er den Stab auf die Erde wirft, wird er zur Schlange. Und wenn er die Schlange am Schwanz packt, wird sie wieder zum Stab. Durch solche Zauberkunststücke soll Mose zeigen, dass er von Gott berufen ist. Doch Mose ist immer noch nicht zufrieden: »Herr, ich bin keiner, der gut reden kann« (Ex 4,10). Da stellt Gott dem Mose seinen Bruder Aaron zur Seite, der besser sprechen kann.

Führungsrolle und Erwartungskonflikte

In die Rolle des Mose kommen manche Leute, die auf einmal einen Ruf bekommen, eine Abteilung zu leiten. Sie fühlen sich inkompetent. Und vor allem wissen sie nicht, wie sie jetzt mit den früheren Kollegen umgehen sollen. Bisher sind sie gut mit den Kollegen ausgekommen. Einer hat den anderen unterstützt. Doch jetzt soll er auf einmal ihr Chef sein. Das verunsichert ihn. Und er fühlt sich überfordert. Gott gibt ihm keine Zaubermittel in die Hand wie dem Mose, damit er besser führen kann. Aber er zeigt ihm, dass er bei ihm ist. Das soll ihm genügen. Und wenn er Schwächen spürt, soll er sich jemanden suchen, der seine Schwäche ausgleichen kann. Nicht jede Führungskraft muss alles können. Ähnlich wie Mose fühlt sich ein junger Mitarbeiter, der zum Chef seiner eigenen Abteilung bestimmt wird. Die Kollegen sind per Du mit ihm. Wenn er auf einmal als Chef auftritt, sagen sie ihm: »Jetzt wirst du auf einmal arrogant.« Sie wollen die Freundschaft zu ihm ausnutzen. Jetzt können sie so arbeiten, wie sie es möchten. Der Chef kann ja nichts dagegen haben. Er ist ja ihr »Kumpel«. Der junge Chef gerät in einen Konflikt, weil er nicht die Freundschaft verlieren und auf einmal einsam sein möchte.

Ähnlich ergeht es den Söhnen und Töchtern von Unternehmern, die jetzt das Unternehmen leiten sollen. Die älteren Mitarbeiter kennen sie schon als Kinder. Und jetzt sollen sie die Vorgesetzten dieser alten Mitarbeiter sein. Sie sollen wie Mose ihre Rolle annehmen. Und das bedeutet immer auch eine Änderung in der Beziehung zu den Mitarbeitern. Ich bin nicht mehr einfach nur ihr Freund oder der kleine Bub oder das nette Mädchen von früher. Die Führungsrolle anzunehmen macht immer auch einsam. Diese Einsamkeit muss ich akzeptieren. Sonst kann ich nicht führen. Aber es ist nicht einfach für eine Führungskraft, auf einmal einsam den Mitarbeitern gegenüber zu sein, während man früher ganz zu ihnen gehörte und sich in ihrer Gruppe wohlgefühlt hat.

Rollenkonflikte sind häufig Erwartungskonflikte. Oft sind die Erwartungen der Führungskraft an sich selbst anders als die Erwartungen der Untergebenen. Mose gerät auch in einen solchen Erwartungskonflikt. Die Erwartungen, die das Volk an Mose richtet, sind unrealistisch. Und das Volk vergleicht die Führung durch Mose mit der Führung durch die Fronvögte, die sie in der Vergangenheit erlebt haben. Obwohl Mose sie in die Freiheit führt, sehnt sich das Volk zurück nach der vermeintlich besseren Vergangenheit. In der Vergangenheit haben sie gestöhnt unter der Herrschaft der Fronvögte, die sie zu immer mehr Arbeit antrieben. Doch jetzt, da der Weg sie durch die Wüste in die Freiheit führt, sehnen sie sich zurück nach der verklärten Vergangenheit. Sie beginnen ständig gegen Gott und gegen Mose zu murren. Sie danken ihm nicht für das, was er für sie getan hat, sondern erinnern sich an die guten alten Zeiten in Ägypten. Da war alles besser. Da hatten sie genug zu trinken und zu essen. Und sie schildern die Verhältnisse in Ägypten so, dass ihnen das Wasser im Mund zusammenläuft: »Wenn uns doch jemand Fleisch zu essen gäbe! Wir denken an die Fische, die wir in Ägypten umsonst zu essen bekamen, an die Gurken und Melonen, an den Lauch, an die Zwiebeln und an den Knoblauch. Doch jetzt vertrocknet uns die Kehle, nichts bekommen wir zu sehen als immer nur Manna« (Num 11,5f). Mose löst den Konflikt immer so, dass er zu Gott schreit. Und Gott zeigt ihm einen Weg, wie er den Durst und den Hunger des Volkes stillen kann. Gott befähigt Mose, Wunder zu wirken. Er schlägt mit seinem Stab an den Felsen, und Wasser kommt heraus. Gott lässt Manna von oben herabregnen. Und er schickt einen Wachtelschwarm, so dass das ganze Volk sich satt essen kann. Doch Mose vermag die Gier vieler Leute im Volk nicht zu stillen. Er beklagt sich bei Gott: »Warum hast du deinen Knecht so schlecht behandelt, und warum habe ich nicht deine Gnade gefunden, dass du mir die Last mit diesem ganzen Volk auferlegst? Habe denn ich dieses ganze Volk in meinem Schoß getragen, oder habe ich es geboren, dass du zu mir sagen kannst: Nimm es an deine Brust, wie der Wärter den Säugling, und trag es in das Land, das ich seinen Vätern mit einem Eid zugesichert habe?« (Num 11,11f).

Vom Sinn klarer Grenzsetzung

In dieser Stelle aus dem Buch Numeri vergleicht sich Mose mit einer Mutter, die ihre Kinder im Schoß trägt. Der Konflikt des Mose mit seinem Volk lässt uns an Eltern denken, die alles für ihre Kinder tun und dann enttäuscht sind, dass die Kinder ihr Engagement nicht honorieren, sondern immer neue Forderungen an die Eltern haben. Dann werden die Eltern irgendwann auch bitter. Sie haben alles für die Kinder getan. Aber sie haben keinen Dank erlebt, sondern immer nur neue Forderungen nach Geld, nach Unterstützung, nach Anerkennung. Da fühlen sich die Eltern ähnlich wie Mose. Sie haben alles gegeben. Aber sie haben nur Undank geerntet. Irgendwann werden sie bitter. Sie fühlen sich von ihren Kindern ausgenutzt. Die Juden schreien ständig nach Essen und Trinken. Die Kinder schreien eher nach Geld. Sie wollen sich das oder jenes kaufen, diese oder jene Reise machen, die sich die Eltern kaum leisten können. Sie stellen immer neue Forderungen auf. Irgendwann werden die Eltern dann aggressiv und verstimmt wie Mose. Sie fragen sich, was sie in der Erziehung verkehrt gemacht haben. Oder sie trauen sich nicht, klare Grenzen zu setzen, aus Angst, sie könnten die Kinder dann ganz verlieren. Eine Mutter erzählte mir von ihrem Sohn, der ständig eine neue Ausbildung machen und noch ein weiteres Studium beginnen will. Er lernt aber zu wenig. Er braucht sehr lange zum Studium und stellt immer neue Geldforderungen. Wenn sie andeutet, dass sie nicht mehr geben kann, dann bekommt er einen Tobsuchtsanfall. Um ihn zu beruhigen, geben dann die Eltern nach. Aber sie fühlen sich hilflos. Und sie haben Schuldgefühle: Was haben wir denn falsch gemacht? In solchen Situationen wäre das Gebet eine gute Hilfe – nicht in dem Sinn, dass Gott durch einen Zauberspruch den Konflikt lösen soll, sondern eher so: Im Gebet halte ich den Konflikt Gott hin. Ich halte auch meine Zweifel an meiner eigenen Erziehung Gott hin. Und dann horche ich in mich hinein, was Gott von mir will, was meine Seele in ihrem tiefsten Grund möchte. Und dann tue ich das, was ich im Gebet spüre. Ich lasse mich nicht mehr von meinem Sohn erpressen. Ich setze klare Grenzen. Die klären dann auch den Konflikt. Der Sohn wird am Anfang nicht mit meiner Lösung zufrieden sein. Aber ich soll ihm zutrauen, dass er sich mit den Grenzen aussöhnt. Das wird aber nur möglich, wenn ich innerlich und äußerlich klar bleibe und mich nicht von jedem emotionalen Ausbruch umstimmen lasse.

Vom Umgang mit Undankbarkeit

Im betrieblichen Umfeld machen wir oft ähnliche Erfahrungen wie Mose mit seinem Volk. Die Gefühle des Mose kann gut verstehen, wer sich für seine Belegschaft mit aller Kraft einsetzt, wer ihr bessere Bedingungen ermöglicht – und dann keinen Dank erfährt, sondern nur Undankbarkeit und immer neue Wünsche und Forderungen. Das kann einen Unternehmer oder einen Abteilungsleiter mürbe machen. Er hat den Eindruck, er habe doch alles für seine Leute getan. Aber sie sind immer nur undankbar. Das verletzt den engagierten Chef. Der Weg, den ihm die Bibel weist, ist: sich mit seiner Not und auch mit seinen enttäuschten Gefühlen an Gott zu wenden. Gott rückt die Maßstäbe immer wieder zurecht. Gott bestätigt ihm, dass die Menschen undankbar sind, dass sie nicht wirklich die Wohltaten Gottes genießen können, sondern gierig nach neuen Wohltaten Ausschau halten. Und er kann nur darauf vertrauen, dass das Gebet zu Gott ihm neue Wege zeigt, wie er auf die Unzufriedenheit seiner Mitarbeiter reagieren kann. Er wird nicht die Wunderkraft des Mose besitzen. Aber das Gebet ist oft der Ort, an dem wir vor Gott Abstand finden zu den Tagesproblemen. Und im Gebet zeigt Gott uns oft kreative Lösungen. Wir beißen uns nicht fest in unserer Enttäuschung und unserem Ärger über die undankbaren Mitarbeiter. Wir halten die Situation so, wie sie ist, Gott hin. Und wir dürfen vertrauen, dass wir vor Gott Wege entdecken, wie wir ohne Verbitterung und Verstimmung auf die Mitarbeiter reagieren können. Wir führen sie weiter auf dem eingeschlagenen Weg in die Freiheit, auch wenn sie es nicht honorieren. Wir machen uns nicht von ihrer Anerkennung abhängig. Sonst müssten wir uns ständig verbiegen. Wir bleiben bei unserem inneren Auftrag, den wir von Gott her in uns spüren, im Vertrauen, dass dieser Weg letztlich alle zu einem guten Ziel führt.

Der Weg in die Klarheit

Mose gerät immer wieder in Konflikt mit dem Volk, weil das Volk die Gegenwart ständig mit der Vergangenheit vergleicht. Solche Konflikte erlebt der Sohn des alten Unternehmers, der die Firma seines Vaters aus den roten Zahlen herausführt, damit sie weiter bestehen kann. Und die Mitarbeiter lohnen es ihm, indem sie ständig von der Vergangenheit schwärmen. Da war alles besser. Da war die Welt noch in Ordnung. Dass sie kurz vor dem Konkurs waren, das verschweigen sie lieber. Das verletzt den Sohn. Er strengt sich an. Aber seine Mitarbeiter wollen es immer so haben, wie es früher war. Vielleicht musste der Sohn bei einigen Mitarbeitern Privilegien aufheben. Damit macht er sich keine Freunde. Die vom Vater Begünstigten rebellieren gegen ihn, entweder offen oder indem sie einfach nicht mitziehen und sich ständig auf die früheren Gewohnheiten berufen. Das ist dann nicht nur ein Rollenkonflikt, sondern ein Konflikt zwischen Vergangenheit und Zukunft, zwischen einem Einfach-so-weiter-Machen und dem Weg in die Klarheit und letztlich auch in die Freiheit. Es ist nicht einfach, so einen Konflikt zu lösen. Manch ein Unternehmer oder Abteilungsleiter ist daran zerbrochen. Da braucht er die Zuversicht des Mose, mit der er die Verherrlichung der Vergangenheit durch die

Mitarbeiter nicht als persönliche Kritik nimmt, sondern als Unfähigkeit der Mitarbeiter, sich auf etwas Neues einzulassen. Und er braucht die Kreativität des Gebets, um diesen Widerstand zu überwinden, so dass die Mitarbeiter gerne in die Freiheit mitgehen.

Ähnlich geht es dem neuen Pfarrer, der sich bemüht, sich auf die neue Gemeinde einzulassen. Aber er wird immer verglichen mit dem Vorgänger. Bei seinem Vorgänger war alles besser. Und es ist erstaunlich, wie oft die Leute das Schwierige der Vergangenheit vergessen und nur noch das Positive sehen wollen. Sie brauchen die Verklärung, um sich gegen das Neue zu wehren. So haben die Israeliten die Vergangenheit in Ägypten verklärt, weil ihnen der Weg in die Freiheit zu anstrengend war. Für den neuen Leiter, für den Pfarrer, für die Gemeindereferentin, für den Pastoralreferenten, denen man ständig von ihren Vorgängern vorschwärmt, ist es schwierig, in so einer Gemeinde Fuß zu fassen. Sie geraten in den Konflikt, alle Erwartungen zu erfüllen oder – wie Mose – dem Auftrag Gottes zu folgen, die Gemeinde in ein neues Land zu führen. Es ist der Konflikt zwischen meiner Sendung, die ich in mir spüre, und den Erwartungen und Wünschen der anderen an mich.

Verantwortung und positive Einstellung

Das Faszinierende bei Mose ist, dass er seine Verantwortung für das Volk nie aufgibt. Auch wenn er immer wieder enttäuscht wird, auch wenn er manchmal verstimmt ist und voller Ärger, nimmt er seine Verantwortung wahr. Auch in aussichtslosen Situationen schreit er zu Gott. Und die

Bibel erzählt, dass der ihm dann einen Weg zeigt und ihm sagt, was er tun soll. Das Gebet hat also diese beiden Seiten: Es ist Ausdruck der übernommenen Verantwortung und gleichzeitig Ausdruck einer Einstellung, die weiß, dass nicht alles auf meinen Schultern lastet. Und es verändert den Blick auf meine Konfliktpartner. Es hilft mir, sie nicht als Gegner oder Feinde zu sehen. Mose betet für das Volk und tritt bei Gott für sein Volk ein. Das ist ein guter Weg in einem Konflikt: Ich bete nicht, dass die anderen endlich einsichtig werden und meine Meinung teilen. Ich bete vielmehr *für* die anderen. Ich segne sie, damit Gottes Segen ihnen inneren Frieden schenkt und er durch sie das wirkt, was seinem Willen entspricht. Im Gebet darf ich Gott nicht benutzen, damit er sich auf meine Seite schlägt. Vielmehr öffne ich mich im Gebet dem Willen Gottes. Ich leide an dem Konflikt, aber ich stelle es Gott anheim, wie er ihn lösen möchte. Natürlich wird er nicht für mich den Konflikt lösen. Aber betend bekomme ich eine andere Einstellung zu den anderen Beteiligten und kann mit einer anderen Haltung in das Konfliktgespräch gehen. Ich gehe dann nicht nur zu Menschen, die meine Gegner sind, sondern eher zu Menschen, die unter dem Segen Gottes stehen.

Konstruktive Lösungen durch den Mut der Sanftheit

Die Haltung, die Mose half, sich all den Konflikten und den Rebellionen des Volkes gegen ihn zu stellen und sie letztlich zu lösen, war die Sanftmut. Von Mose heißt es: »Mose war ein sehr sanftmütiger Mann, sanftmütiger als alle Menschen auf der Erde« (Num 12,3). Das lateinische Wort dafür ist *mitis* (»mild, nicht scharf, nicht rau«). Die Milde hat etwas Weiches an sich, das die Schärfe des Konflikts abmildert. Das heißt aber nicht, dass Mose den Konflikten ausweichen würde, dass er feige wäre. Das deutsche Wort »Sanftmut« bedeutet den Mut, sanft zu sein. »Sanft« kommt von »sammeln«. Sanftmütig ist der, der den Mut hat, alles, was er in sich selbst erkennt, zu sammeln. Er gerät nicht in die Falle des Entweder-oder. Er schneidet unangenehme Seiten in sich nicht ab und verdrängt sie nicht. Wenn er sie verdrängen würde, würde er sie auf die anderen projizieren. Und dann gibt es im Konflikt nur harte Gegner, die einander bekämpfen. Doch sie merken gar nicht, dass sie im Gegenüber oft etwas bekämpfen, das sie in sich selbst tragen, aber nicht angenommen haben. Der andere wird nur zur Projektionsfigur für das, was ich eigentlich in mir ablehne. Auf diese Weise wird ein Konflikt oft unlösbar, weil zu viele unbewusste Anteile mit hineinspielen. Wer sanftmütig ist, der erkennt in dem, was der andere bekämpft, immer auch eigene Anteile. So kann er sanfter und milder darauf reagieren. Das heißt nicht, dass er ein »Weichei« wäre, das alles geschehen lässt. Mose hat durchaus gekämpft. Und er konnte auch seinem Ärger Ausdruck geben. Aber seine Sanftmut hat ihn davor bewahrt, seine Aufgabe als Führer des Volkes aufzugeben. Er hat das Rebellische des Volkes auch als eigene Rebellion gegen Gott erkannt und hat sich daher immer wieder an Gott gewandt, um im Gebet von der Rebellion zu einer konstruktiven Lösung zu finden.

Verantwortungsübernahme und Delegation

Mose erlebte auch noch einen anderen Konflikt, nämlich den Konflikt zwischen seiner Verantwortung, die er für das ganze Volk übernommen hatte, und dem Problem, dass er unter dieser Verantwortung zusammenbrach, weil er einfach überfordert war. Diesen Konflikt erleben viele Abteilungsleiter oder Unternehmer oder auch Pfarrer. Sie wollen ganz für ihre Firma, für ihre Gemeinde da sein. Aber sie stehen kurz vor einem Burnout, weil sie diesem Anspruch und ihrer Verantwortung nicht mehr gerecht werden können. Der Konflikt verschärft sich, wenn sie an ihrer Verantwortung festhalten und sie nicht an andere delegieren. Gerade bei Pfarrern erlebe ich oft ein Omnipotenzgefühl oder den Anspruch von Omnipräsenz. Sie müssen immer da sein, wenn es einem aus der Gemeinde schlecht geht, wenn jemand sie braucht. Und sie meinen, nur sie allein könnten die Erwartungen der Menschen erfüllen. Das Trauergespräch können nur sie so gut führen und nicht die Gemeindereferentin. Und die Leute wollen schließlich den Chef sprechen und nicht seine Mitarbeiterin. Doch irgendwann brechen sie dann zusammen. Dieses Omnipräsenzstreben gibt es auch bei manchen Unternehmern. Da hat ein Mann mittleren Alters aus kleinen Anfängen ein Unternehmen aufgebaut. Er geht gut mit seinen Mitarbeitern um, spürt die Verantwortung für sie und ihre Familien. Aber zugleich spürt er, dass er immer härter wird, weil er nicht mehr alles so kann wie zu Beginn. Es ist nicht so einfach, dieses Gefühl, für alles und alle verantwortlich zu sein, zu relativieren und wichtige Aufgaben an andere zu delegieren.

Bei Mose zeigte sich dieser Konflikt darin, dass er einfach nicht mehr fertig wurde mit den vielen Menschen, die ihm ihre Streitigkeiten vortrugen. Sie erwarteten, dass Mose ihre Konflikte löste und Recht sprach. Doch das war nicht nur für Mose ein Problem, sondern auch für die Leute: »Die Leute mussten vor Mose vom Morgen bis zum Abend anstehen« (Ex 18,13). Als das sein Schwiegervater Jitro sah, sagte er zu Mose: »Es ist nicht richtig, wie du das machst. So richtest du dich selbst zugrunde und auch das Volk, das bei dir ist. Das ist zu schwer für dich; allein kannst du es nicht bewältigen« (Ex 18,17f). Und er schlägt ihm vor, gottesfürchtige und zuverlässige Männer als Richter auszuwählen. Zu denen sollen dann die Leute kommen mit ihren Konflikten, und sie sollen Recht sprechen. So kann Mose seine eigentliche Führungsaufgabe bewältigen. Das ist ein Konflikt, in den manche Führungskräfte auch heute noch geraten. Sie tun alles für ihre Mitarbeiter. Aber sie merken gar nicht, wie sie sich selbst überfordern. Und dann hilft es den Mitarbeitern auch nicht. Denn die spüren die innere Anspannung des Chefs. Er wird aggressiv, wenn es ihm zu viel wird. Und diese Aggression richtet sich dann unbewusst auch gegen die Mitarbeiter. Doch mit dieser Aggression wird er seine Mitarbeiter nicht führen können. Die Aggression wäre der Impuls, besser für sich zu sorgen. Dann hilft es auch den Mitarbeitern, weil sie entspannter mit ihren Konflikten umgehen können.

Der Konflikt zwischen Verantwortung und Delegation ist letztlich auch eine Art Rollenkonflikt. Denn der Chef sieht es als seine Rolle an, für alles verantwortlich zu sein, für seine Mitarbeiter da zu sein. Wenn er diese Verantwortung an andere delegiert, dann muss er sich verabschieden von seiner Rolle als Alleinverantwortlicher. Er spielt dann eine andere Rolle, die Rolle des Koordinators, des Organisators. Aber manche Chefs tun sich schwer mit dieser neuen Rolle. Sie spielen lieber weiter die Rolle des Alleinverantwortlichen. Sie machen alles selber. Und sie reden sich ein, das seien sie ihren Mitarbeitern schuldig. Doch sie merken gar nicht, wie sie sich dadurch immer mehr in einen inneren Konflikt hineintreiben, den sie nur noch durch Krankheit, durch Burnout oder Depression lösen können. Doch diese pathologische »Lösung« ist keine wirkliche Lösung. Es ist nicht nur besser, sondern auch gesünder, den Konflikt bewusst zu lösen, als die Lösung dem Unbewussten oder dem Leib, der vegetativen Reaktion des Körpers zu überlassen.

Problematische innere Bilder

Mose wirft Gott vor, dass er doch nicht die Mutter des Volkes sei. Doch letztlich führt er selbst das Volk wie eine Mutter, indem er für alles sorgt, was das Volk berührt. Das ist häufig auch der Grund von Konflikten in religiösen Gemeinschaften. Da gibt der Pfarrer alles für seine Gemeinde. Aber er möchte die Gemeinde auch als Heimat erleben. Die Gemeinde soll für ihn eine Art Mutter sein, für die er alles gibt, was er zu geben hat. Aber die Gemeinde ist eben keine Mutter, die den Pfarrer seelisch nährt. Sie besteht auch aus Menschen, die miteinander Probleme haben. Sie ist eine Gruppe voller Konflikte. Wenn der Pfarrer das Bild der Mutter in sich trägt, die es allen recht machen will, dann gerät er notwendigerweise in Konflikt mit der Gemeinde. Und dann hat er in sich nicht die Fähigkeit, mit diesem Konflikt umzugehen. Er wird wie Mose beleidigt reagieren: Ich gebe alles her – und das ist nun der Dank. Immer schreien sie nach neuer Speise und neuem Trank. Irgendwann wird der Pastor dieses Jammerns leid. Mehr kann er nicht geben, sonst verausgabt er sich. Ich begleite immer wieder Priester, die sich für ihre Gemeinde verausgabt haben. Ein Therapeut meint dann oft: »Wer viel gibt, der braucht auch viel.« Manche Priester haben der Gemeinde viel gegeben, weil sie auch viel gebraucht haben. Sie haben Anerkennung, Zuwendung, Beliebtsein gebraucht. Doch wenn ich gebe, weil ich brauche, bekomme ich nie das, was ich brauche. Dann erfahre ich eher Undank wie Mose. Der Konflikt verlangt, dass der Pastor andere Bilder für seine Führungsaufgabe entwickelt. Das Bild der Mutter, die die Gemeinde in ihrem Schoß trägt und es allen recht machen will, wird ihn zum Scheitern bringen. Er braucht männlichere Bilder der Abgrenzung, um seine Führungsaufgabe so zu erfüllen, dass er sich selbst nicht dabei überfordert. So ein männliches Bild wäre der Hirt, der seine Herde führt. Oder der König, der seine Gemeinde gut regiert und leitet. In diesem Zusammenhang sollte man sich allerdings vor einseitigen geschlechtsspezifischen Zuschreibungen hüten; denn es ist hilfreich, wenn wir – sowohl die Männer als auch die Frauen – immer zugleich männliche und weibliche Bilder haben. Sie bewahren uns vor der männlichen Härte und vor fraulichem Nachgeben.

Spätere Zeiten haben übrigens die Rolle des Mose als des großen Propheten und Gesetzgebers gepriesen. Da waren die Schwächen bei seiner Führungsaufgabe vergessen. Der Weisheitslehrer Jesus Sirach sagt um das Jahr 180 vor Christus über Mose: »Wegen seiner Treue und Bescheidenheit erwählte er (Gott) ihn aus allen Sterblichen. Er ließ ihn seine Stimme hören und zu der dunklen Wolke herantreten. In seine Hand legte er die Gebote, die Lehre voll Leben und Einsicht, um Jakob seine Gesetze zu lehren und Israel seine Satzungen und Vorschriften« (Sir 45,4f). Das war die große Tat des Mose, dass er auf Gottes Stimme immer wieder neu gehört und seinem Volk Weisungen gegeben hat, die ihm seine Identität geschenkt und eine hohe Kultur vermittelt haben. So geht es nicht immer nur um Durchschlagskraft in der Führung, sondern vor allem um Weisheit, die über das Tagesgeschäft hinaussieht. Jesus Sirach lobt daher vor allem den weisen Herrscher: »Ein weiser Herrscher festigt sein Volk, die Regierung eines Verständigen ist wohlgeordnet« (Sir 10,1). Eine gute Führungskraft erkennt man daher nicht nur daran, ob sie alle Konflikte lösen kann, sondern vor allem auch daran, ob sie der Gemeinschaft, der Gruppe oder Firma eine Form geben kann, die auch für die Zukunft Segen bringt.

Abraham und Lot – oder: Die konfliktbeladene Nähe

Wenn die Nähe zu groß ist

Viele Konflikte entstehen, weil man sich nicht versteht, weil man nicht weiß, wie der andere denkt und fühlt, weil man sich fremd bleibt. Aber es gibt auch Konflikte, die aufbrechen, wenn die Nähe zu groß ist: etwa die Konflikte zwischen den beiden Brüdern, die die Firma übernommen haben, Konflikte zwischen den Geschwistern in der Familie oder Konflikte zwischen dem Unternehmer und seinen Freunden, die er bei sich angestellt hat und die sich nun ganz anders geben, als er es erwartet hat. Von einem solchen Konflikt, der aus zu großer Nähe entsteht, erzählt uns die Geschichte von Abraham.

Abraham hatte einen Neffen namens Lot. Sein Vater Haran war der Bruder Abrahams. Er starb schon sehr früh. So nahm sich Abraham seines Neffen an. Er zog mit ihm aus Ur in Chaldäa aus nach Haran im Lande Kanaan. Dann befiehlt Gott dem Abraham, auch von Haran auszuziehen. So zieht er nach Sichem und Bet-El und schließlich in den Negeb. Beide – Abraham und Lot – haben einen ansehnlichen Besitz an Vieh. »Auch Lot, der mit Abram gezogen war, besaß Schafe und Ziegen, Rinder und Zelte. Das Land war aber zu klein, als dass sich beide nebeneinander hätten ansiedeln können; denn ihr Besitz war zu groß, und so konnten sie sich nicht miteinander niederlassen. Zwischen den Hirten Abrams und den Hirten Lots kam es zum Streit; auch siedelten damals noch die Kanaaniter und die Perisiter im Land. Da sagte Abram zu Lot: Zwischen mir und dir, zwischen meinen und deinen Hirten soll es keinen Streit geben; wir sind doch Brüder« (Gen 13,5–8). Und so einigen sich Abram und Lot, dass der eine nach rechts und der andere nach links geht und sich das Land wählt, das er gerne für sich hätte. Lot entscheidet sich für die Jordangegend, weil sie bewässert ist.

Wenn Ebenen vermischt werden

Hier wird ein zweifacher Konflikt beschrieben. Zum einen ist es der Konflikt zwischen Verwandten. So schön es sein kann, wenn Verwandte gemeinsam leben, gemeinsam eine Firma führen oder einen Bauernhof bewirtschaften – es kann auch leicht schiefgehen, wenn zwei Ebenen sich miteinander vermischen: die Ebene der Verwandtschaft und die Ebene des gemeinsamen Handelns in der Firma. Ein Mann hatte mit seinem Bruder die Firma ihres Vaters geerbt. Am Anfang ging die Zusammenarbeit ganz gut. Doch dann kam es zum Konflikt. Der eine Bruder war für die Finanzen zuständig, der andere für die Technik und die Produktion. Schwierigkeiten entstanden, weil der eine Bruder sich von dem anderen nichts sagen ließ. Er fühlte sich nicht gleichwertig behandelt. Er hatte den Eindruck, der Finanzmann würde sich über ihn stellen und ihn dirigieren. So kam es zum Bruch. Da wäre es gut gewesen, wenn die beiden ihre Kompetenzen klar abgesprochen hätten. Und sie hätten die sachliche Ebene von der geschwisterlichen Ebene trennen müssen. Gerade weil sie als Brüder weiterhin gut miteinander auskommen möchten, müssen sie sich in der Firma gut abgrenzen, damit die Zusammenarbeit gut gelingt. Brüder verstehen sich nicht automatisch. Sie können auch schnell rivalisieren, wenn sie zu nahe zusammen sind. Gerade weil sie Brüder sind, brauchen sie mehr Abstand, brauchen sie eine klare Abgrenzung der Kompetenzen, damit die Zusammenarbeit auf Dauer gelingt.

In anderen Fällen würden sich die beiden Brüder an sich gut verstehen. Aber beide haben Frauen. Und die Frauen verstehen sich nicht gut. Die Brüder fühlen sich im Zwiespalt. Auf der einen Seite spüren sie die Solidarität zu ihren Frauen, auf der anderen Seite möchten sie als Brüder weiterhin gut miteinander auskommen. Es ist nicht einfach, die gefühlsbedingten Probleme von den sachlichen Problemen zu lösen. Manchmal bleibt dann auch nur der Weg, den Abraham mit Lot gegangen ist: sich zu trennen, entweder die Firma zu teilen oder die Bereiche so voneinander zu scheiden, dass die ständigen Konflikte vermieden werden. Zu viel Nähe tut nicht gut. Und die familiäre Nähe kann eine Chance sein, aber auch eine Belastung. Dann hat es keinen Sinn, auf den guten Willen zu pochen: Wir wollen doch nicht streiten. Es braucht auch klare Lösungen, damit es nicht immer Streit gibt. Und eine wichtige Lösung ist, sich zu trennen, eine größere Distanz zu schaffen, damit jeder in seinem Bereich gut wirken kann.

Die zu große Nähe kann auch im Verhältnis von Eltern und Kindern ein Konfliktpotential in sich haben. Gerade wenn die Kinder erwachsen sind, brauchen sie Abstand zu den Eltern. Wenn sie zu nahe mit den Eltern verbunden sind und alles mit ihnen teilen, kommt es schnell zum Konflikt. Die Eltern meinen es gut. Aber die Kinder fühlen sich bevormundet. Auf der einen Seite brauchen sie die Hilfe der Eltern. Auf der anderen Seite möchten sie gerne selbständig sein. Da ist es wichtig, eine gesunde Distanz aufzubauen. Dann verbessert sich oft die Beziehung zwischen dem Vater und dem Sohn, der Mutter und der Tochter. Wenn sie immer zusammen sind, gibt es ständig Streit. Wenn sie auseinander sind, verstehen sie sich auf einmal wunderbar.

Die Mitglieder einer Ordensgemeinschaft verstehen sich als Brüder und Schwestern. Auch hier gibt es oft Konflikte aus zu großer Nähe. Man meint, man müsse alles gemeinsam machen. Doch zu viel Nähe tut der Gemeinschaft nicht gut. Sie braucht vielmehr ein gutes Miteinander von Nähe und Distanz. Jeder braucht auch einen eigenen Bereich, in dem er sich entfalten kann. Und zugleich braucht es das Miteinander, dass diese Bereiche einander befruchten und miteinander gut kooperieren.

Der Verteilungskonflikt

Der zweite Konflikt zwischen Abraham und Lot ist ein Verteilungskonflikt: Das Land ist zu klein für beide, es gibt nicht mehr zu verteilen. So kommt es immer wieder zum Streit, wer welchen Brunnen benutzen kann. Solche Konstellationen kommen auch heute vor: Die Firma ist zu klein für zwei Führungskräfte. Also ist zu überlegen, ob es eine gerechtere Verteilung gibt für die knappen Ressourcen oder ob eine Trennung nicht die sauberere Lösung wäre. Wenn man sich ständig ins Gehege kommt, dann entstehen einfach Konflikte. Und es hilft nicht weiter, immer nur an den guten Willen zu appellieren, sich zu vertragen. Es gibt objektive Bedingungen, die ein gutes Miteinander erschweren. Dann sollte man sich in aller Nüchternheit zusammensetzen und überlegen, wie die Kompetenzen klarer abgegrenzt und die Arbeiten oder die Ressourcen gerechter verteilt werden können. In der biblischen Erzählung sieht die Lösung so aus: Abraham als der Ältere lässt Lot, dem Jüngeren, die Wahl. Er darf auswählen, wohin er will. Abraham wird dann das nehmen, was übrig bleibt. Lot wählt auf den ersten Blick den besseren Teil: die fruchtbare Jordangegend. Doch erst nach einigen Jahren merkt er, dass deren Bewohner – vor allem in den Städten Sodom und Gomorra – böse sind. Und Gott wird diese Städte vernichten. Doch auf die Fürsprache Abrahams hin rettet Gott Lot und seine beiden Töchter.

Die Methode, die Abraham hier anwendet, wäre auch für Konflikte innerhalb einer Firma oder innerhalb einer Pfarrei sinnvoll. Ich soll dem Konfliktpartner, der mit der Situation in der Firma oder in der Pfarrei unzufrieden ist, die Wahl lassen: »Was brauchst du? Was für eine Lösung kannst du dir vorstellen? Was möchtest du als Lösung vorschlagen?« Dann dränge ich dem anderen nichts auf, sondern lasse ihm die freie Wahl. Und dann bestätige ich seine Wahl. Nur wenn sie mir allzu unangemessen erscheint, wenn etwa der andere alle Vorteile für sich allein haben möchte, kann ich die Wahl hinterfragen. Ich muss dann nicht gleich dagegengehen, aber ich kann auf die Konsequenzen dieser Wahl hinweisen. Oder noch besser:

Ich frage ihn, wie er sich das vorstellt, welche Konsequenzen das für ihn und für mich hätte. Vielleicht ist er sich der Konsequenzen nicht bewusst. Dann hilft das Fragen, dass er klarer sieht, worauf er sich einlässt und welche Folgen das für die anderen hat. Dann kann man nochmals überlegen, ob die vorgeschlagene Lösung wirklich die beste ist. Ich kann dann sagen: »Ja, ich bin einverstanden. Versuchen wir diese Lösung.« Oder aber ich kann auch mein Gefühl artikulieren, wenn ich mich ausgenutzt oder ausgetrickst fühle. Dann können wir gemeinsam neu überlegen, welche Lösung für beide Seiten gute Gefühle hinterlässt.

Verteilungskonflikte gehören in der Welt der Wirtschaft zum Alltag. Der Lohn, der zu vergeben ist, ist begrenzt. So entsteht ein Streit, in dem jeder möglichst viel von der vorhandenen Summe für sich selbst haben will. Wenn zwei Firmen die gleichen Produkte produzieren, gibt es auch einen Verteilungskonflikt. Die Verteilung der Güter ist begrenzt. Man kann nicht immer noch mehr verkaufen. So muss man den Verteilungskonflikt zwischen den Firmen gerecht zu lösen versuchen. Und es gibt den Verteilungskonflikt beim Ringen um die ersten Plätze. Auch die ersten Plätze in der Firma sind begrenzt. Nicht jeder kann sie erreichen. Nicht jeder kann Chef werden. Es ist nicht selbstverständlich, dass sich die Bewerber um das höchste Amt dann so gütlich einigen wie Abraham und Lot. Aber auch wenn jeder seinen Weg geht, ist dies eine Weise, sich weiter gut zu verstehen, wenn man sich begegnet: Man begegnet sich nicht mehr so oft wie früher und kämpft nicht mehr um die knappen Ressourcen, weil sich jeder einen anderen Raum für seine Ressourcen erobert hat.

David und Saul – oder: Der Rivalitätskonflikt

Bedrohung durch Rivalität

Ein Konflikt, den wir häufig in Firmen, aber auch in Pfarreien und in Familien beobachten, ist der Rivalitätskonflikt. Er ähnelt dem Verteilungskonflikt. Aber er hat noch einen anderen Akzent. Das Wort »Rivale« kommt eigentlich von *rivus* (»Wasserrinne«). Rivale ist der, der zur Nutzung eines Baches oder Flusses mitberechtigt ist. Es ist also der Bachnachbar, der wie ich den Bach dazu nutzt, seine Felder zu bewässern. Daraus wurde dann später der Nebenbuhler, der Konkurrent oder der Gegenspieler. Manchmal möchte jemand seinem Rivalen das Wasser abgraben und ihn so ausschließen von der Nutzung des Wassers. Er möchte ihn ausschalten, ihn auf dem Trockenen sitzen lassen, so dass er keine Chance mehr hat, sich weiterzuentwickeln, am Fluss des Lebens Anteil zu haben.

Einen solchen Rivalitätskonflikt schildert die Bibel zwischen Saul und David. Der Rivalitätskonflikt wird zu einem Drama, das für König Saul tragisch ausgeht. Saul wird von Samuel zum König gesalbt. Anfangs hat er Erfolg. Doch dann widersetzt er sich einer Weisung Gottes, so dass Gott ihn fallen lässt. Samuel salbt nun im Auftrag Gottes den jungen David heimlich zum König. David ist anfangs Diener Sauls. Da David gut Harfe spielen kann, holt man ihn an den Hof des Königs. Denn Saul wird oft von depressiven Stimmungen heimgesucht. Wenn David spielt, geht es dem König wieder besser. Doch einmal kommt über Saul »ein böser Gottesgeist, so dass er in seinem Haus in Raserei geriet« (1 Sam 18,10). Saul wirft zweimal mit dem Speer nach David, um ihn zu töten. Doch David weicht immer wieder aus. Auf der einen Seite braucht Saul David, um von seinen Depressionen frei zu werden. Auf der anderen Seite gönnt er ihm nicht, dass er so gut auf der Harfe spielen kann und bei den Menschen beliebt ist. Er spürt, dass dieser erfolgreiche junge Mann ihm zum Rivalen werden kann.

So entwirft er einen Plan, um den Rivalen loszuwerden. Er macht ihn zum Obersten einer Tausendschaft, in der Absicht, er möge sich im Kampf aufreiben oder vielleicht sogar fallen. Doch Saul hat sich verrechnet. Denn: »David hatte Erfolg, wohin ihn auch sein Weg führte, und der Herr war mit ihm« (1 Sam 18,14). Saul bekommt nun Angst vor David, und so kämpft er gegen ihn, um ihn zu vernichten. Doch David kann immer wieder entkommen. Einmal hat er die Möglichkeit, Saul zu töten, als dieser, um seine Notdurft zu verrichten, in die Höhle kommt, in der David sich versteckt hat. Doch David schneidet nur einen Zipfel seines Gewandes ab, um dann dem König zu zeigen, dass er nicht gegen ihn kämpft, sondern für ihn. Saul ist für einen Augenblick gerührt vom Verhalten Davids. Doch schon kurze Zeit später bekämpft Saul David wieder und versucht ihn zu töten, bis er schließlich selbst im Kampf gegen die Philister fällt. David singt eine erschütternde Totenklage auf Saul und auf dessen Sohn Jonathan, mit dem er befreundet war.

Sich den Intrigen entziehen

Hier wird ein Konflikt beschrieben, der in Firmen und Gruppen immer wieder auftritt. Der Chef hat Angst vor einem jungen Mitarbeiter, der erfolgreich ist. Der junge Mitarbeiter versucht, dem Chef zu dienen und solidarisch mit ihm zu sein. Aber der Chef sinnt auf immer neue Intrigen, um den begabten jungen Mann klein zu halten oder ihn gar zu vernichten. Er sieht den jungen Mann nicht mehr als einen wertvollen Mitarbeiter, den er fördert, damit seine Firma seine Fähigkeiten nutzen und so selbst Erfolg haben kann. Er nimmt ihn nur noch als Rivalen wahr, den er irgendwie ausschalten muss. Denn sonst könnte ihm ja der junge Mann das Wasser abgraben und ihn in seiner Rolle als Chef nicht gut dastehen lassen. Vielleicht merken auch die Mitarbeiter, dass die Firma ihren Erfolg diesem jungen Mann verdankt und nicht dem Chef, der zunehmend unglücklich agiert. Der Chef spürt, dass er selbst keinen Erfolg mehr hat, dass ihm nichts mehr gelingt. Er ahnt, dass seine Tage gezählt sind, aber möchte es nicht wahrhaben. So setzt er seine ganze Energie daran, andere, junge Kräfte klein zu halten, um an seinem Posten festzuhalten. Es liegt nun nahe, zu sagen, die jungen Führungskräfte sollten sich den Intrigen des Chefs entziehen und die Firma verlassen. Doch das ist nicht immer der richtige Weg, vor allem dann nicht, wenn den jungen Führungskräften an dieser Firma liegt, wenn sie spüren, dass in dieser Firma ein großes Potential liegt, das aber in Gefahr ist, vom alten Chef verschleudert zu werden. Aus Solidarität mit der Firma bleiben sie. Dann braucht es die Klarheit und zugleich Solidarität eines David, damit alles zum Guten ausgeht. In der biblischen Geschichte vertraut David darauf, dass der Herr mit ihm ist. Eine junge Führungskraft kann den Konflikt mit diesem Chef nur bestehen, wenn sie sich nicht innerlich in diesen Konflikt hineinziehen lässt. Sie braucht inneren Abstand. Sie schaut zu, was für ein Theater der Chef spielt, welche Intrigen er in Gang setzt. Aber sie spielt nicht mit. Sie lässt sich davon nicht bestimmen. Der junge Mitarbeiter nimmt die Rolle des Rivalen nicht an, die der Chef ihm aufdrängen möchte, um ihn in den Kampf hineinzuziehen. Er bleibt innerlich frei und ruhig und vertraut darauf, dass korrektes Verhalten sich auf Dauer auszahlt. Und er vertraut darauf, dass das Problem des Chefs sich von allein löst. In der Bibel ist es Gott, der Saul fallen lässt. In der Realität ist es dann oft eine Krankheit, die den Chef dazu führt, sein Intrigenspiel aufzugeben. Oder aber er kommt an seine eigene Grenze und spürt, dass er so nicht weitermachen kann. Es braucht einen starken Glauben und eine starke Hoffnung – wie bei David –, um sich diesen Intrigen zu entziehen, immer wieder solidarisch mit dem Chef zu bleiben und die Arbeit, die einem aufgetragen ist, so gut wie möglich zu tun.

In einer Klinik musste ich erleben, wie der Klinikleiter seine besten Ärzte nach und nach entließ, weil er Angst hatte, sie seien bei den Patienten beliebter als er selbst. Psychologen meinen, dass in Firmen oft zwei Fünftel der Energie durch Rivalitätskonflikte verschleudert werden, die nicht ausgetragen, sondern durch Kleinmachen oder Entlassen ausagiert werden. Daher braucht es Wege, mit solchen Rivalitätskonflikten umzugehen. Natürlich liegt es vor allem am Chef selbst, dass er nicht wie Saul in seinen besten Mitarbeitern Rivalen sieht, sondern ein

Potential, auf das er bauen kann. Die Mitarbeiter, die wie David verfolgt werden, können sich nur schützen und sich dem Konflikt entziehen, indem sie sich nicht auf den Rivalitätskampf einlassen, sondern das tun, was sie – wie David – vor ihrem Gewissen als angemessen empfinden.

Rivalität und Geschwisterneid

Weit verbreitet ist die Rivalität zwischen Geschwistern. Da fühlen sich die zwei Brüder oder die beiden Schwestern als Rivalen. Sie nutzen, um im Bild zu bleiben, alle den »Fluss« ihrer Eltern. Aber einer möchte den anderen daran hindern, aus dem gleichen Fluss zu schöpfen. Sie buhlen um die Liebe der Eltern und empfinden den anderen als Nebenbuhler. Nebenbuhler aber sind einander feindlich gesinnt. Da möchte der eine den anderen ausstechen. Die Rivalität beginnt oft schon sehr früh. Da empfindet das Mädchen das Baby, das nach ihm geboren wurde, als Rivalen. Immer wenn die Mutter das Baby stillen will, zerrt das Mädchen an ihrem Arm. Es möchte unbedingt, dass die Mutter jetzt mit ihm spielt. Diese Rivalitätsphase ist normal. Sie verlangt von den Eltern Klugheit: nämlich dass sie die Rivalität des Mädchens als Bitte um Zuwendung verstehen, sich davon aber nicht tyrannisieren lassen. Die Rivalität zeigt, dass das Mädchen sich vernachlässigt fühlt. Es braucht die liebende Zuwendung der Eltern. Aber es muss auch lernen, dass es die Liebe der Eltern teilen muss mit dem Kind, das nach ihm kommt. Die Rivalitätsphase in der frühen Kindheit löst sich meistens wieder auf. Doch dann entsteht oft ein anderer Konflikt: Die eine Schwester ist in der Schule eine Überfliegerin, die andere kommt nicht so mit. Oder der jüngere Bruder wird von den Lehrern ständig mit dem erfolgreicheren älteren Bruder verglichen. Das kann dann entweder dazu führen, dass man sich anstrengt, um die Schwester in der Leistung zu übertrumpfen oder gegenüber dem Bruder sein eigenes Image aufzubauen. Und wenn man das nicht schafft, versucht man das Gegenteil von dem zu verwirklichen, was die Schwester oder der Bruder darstellt. Eine Schwester, die sich ohnmächtig fühlte, ihre erfolgreiche Schwester zu überflügeln, flüchtete in die Magersucht. Der Bruder, der seinen eigenen Bruder nicht erreichen kann, wird zum Leistungsverweigerer. Er möchte auf andere Weise auf sich aufmerksam machen und so die Zuwendung der Eltern erzwingen. Doch solche Wege lösen den Konflikt nicht, sondern führen zu neuen Problemen. Es ist schmerzlich, den Rivalitätskonflikt anzuschauen, zuzugeben, dass ich mich dem anderen unterlegen fühle. Ich muss betrauern, dass ich nicht der Überflieger bin, nicht so beliebt bin wie mein Bruder, meine Schwester. Dann kann ich mein eigenes Potential und meine Identität und Würde entdecken. Wenn ich mein eigenes Leben lebe, schiele ich nicht mehr auf den Rivalen. Ich habe meinen Lebensfluss gefunden, aus dem ich schöpfen kann, durch den ich selbst in Fluss komme. Und dann kann ich dem Rivalen seinen Erfolg gönnen.

Argwohn und Konkurrenzkämpfe

In Firmen wird der Rivalitätskonflikt zwischen den Führungskräften oft zu einem Konkurrenzkampf darum, wer beliebter ist bei den Kunden, bei den Mitarbeitern, wer in der Öffentlichkeit mehr Aufmerksamkeit auf sich zieht. Gerade narzisstische Persönlichkeiten – und die sind unter Führungskräften oft anzutreffen – kreisen ständig um das eigene Beliebtsein. Auch Saul ist letztlich eifersüchtig, weil David bei den Leuten beliebter ist als er. Seine Feindschaft zu David beginnt, als die Frauen nach Davids Sieg über Goliat singend und tanzend dem König Saul entgegenziehen. Sie singen voll Freude: »Saul hat Tausend erschlagen, David aber Zehntausend. Saul wurde darüber sehr zornig. Das Lied missfiel ihm, und er sagte: David geben sie Zehntausend, mir aber geben sie nur Tausend. Jetzt fehlt ihm nur noch die Königswürde. Von diesem Tag an war Saul gegen David voll Argwohn« (1 Sam 18,7–9). Manche Chefs können es nicht ertragen, dass ein Mitarbeiter in der Firma und bei den Kunden beliebter ist als sie selbst. Sie sind argwöhnisch und überlegen, wie sie diesem Mitarbeiter schaden oder ihn fertigmachen können. Der Argwohn hat mit Wahn zu tun. Sie leben in dem Wahn, der andere könnte ihnen Böses, Schlimmes, Arges wünschen oder antun. Und bevor sie selber Schaden leiden, tun sie dem Rivalen Arges an.

Die Bibel gibt keine Lösung für einen solchen Konflikt an, nur den Tod. Wenn wir das symbolisch verstehen und auf andere Konfliktfelder übertragen, würde es heißen: Der Chef muss seine alte Identität loslassen. Er muss sich davon befreien, sich nur von seinem Beliebtsein her zu definieren. Denn das würde dazu führen, dass er alle beliebten Mitarbeiter unbeliebt machen müsste. Das wird ihm aber kaum gelingen. Der einzige Weg besteht darin, dass er sich von seinem eigenen Anspruch löst, überall der Beliebteste sein zu müssen. Er muss den beliebten Mitarbeiter wertschätzen, ihm den Erfolg gönnen und sich freuen, dass er solche Mitarbeiter hat. Dann hat er teil an ihrem Beliebtsein. Die anderen sind nicht mehr Konkurrenten, sondern seine Angestellten. Das Licht, das auf sie fällt, fällt dann auch auf ihn selber. Denn er freut sich am Wert seiner Mitarbeiter, weil er auch seinem eigenen Wert gerecht wird. Das ist die Aufgabe des Chefs. Die beliebten Mitarbeiter, die unter dem Argwohn des Chefs leiden, sollen sich an David ein Vorbild nehmen. Er lässt sich von Saul nicht zum Bösen verleiten. Obwohl Saul ihm gegenüber unfair ist, erweist er sich als fair. Er ist loyal zu Saul. Er will ihm nicht schaden. Doch das braucht das starke Vertrauen Davids, dass Gott selbst alles zum Guten lenkt und das Recht letztlich nicht in der Hand des unfairen Chefs liegt.

Petrus und Paulus – oder:
Der Konflikt unterschiedlicher Charaktere

Charaktere, die sich ergänzen können

Das Enneagramm kennt verschiedene Typen von Menschen. Auch wenn kein Mensch sich absolut von einem Typ her definiert, so ist es doch hilfreich, den eigenen Typus zu erkennen. Denn viele Konflikte ergeben sich daraus, dass unterschiedliche Charaktere zusammenprallen. Das Enneagramm kennt den Typ 1. Der »Einser« ist der ehrgeizige Perfektionist, der alles genau plant. Bei ihm muss alles genau sein und glatt laufen. Der »Zweier«-Typ ist mehr der soziale Typ, der ganz für die anderen da ist. In der Firma sorgt er vor allem für die Mitarbeiter. Der »Dreier«-Typ ist der Erfolgreiche. Da läuft etwas, aber er nimmt es nicht so genau. Hauptsache, der Erfolg stellt sich ein. Ich möchte jetzt nicht alle Enneagramm-Typen aufzählen, wohl aber noch den »Sechser« hervorheben. Das ist der, der das Gesetz hütet. Es muss alles nach Vorschrift gehen. Der »Achter«-Typ hingegen kämpft, dass alle Konflikte gelöst werden. Er kann es nicht aushalten, wenn etwas nicht geklärt ist. Und der »Neuner«-Typ ist die Ruhe in Person und sitzt die Konflikte lieber aus. Ich habe selber die Erfahrung gemacht, dass es hilfreich sein kann, sich darüber klar zu werden, welche Typen in einem Team sitzen. In unserer Abtei haben wir jeden Montag Verwaltungssitzung. Der Abt, der Prior und der Subprior und die drei Cellerare nehmen daran teil. Eine Zeit lang hatten wir immer Konflikte in der Sitzung. Mir ging vieles zu langsam, und ich hatte das Gefühl, dass wir vor lauter Bedenken nicht vorankamen. Einem anderen war ich zu schnell und zu ungenau, und er sah bei allem, was ich vorschlug, immer das Risiko. Als wir dann bei einer Tagung mit dem Enneagramm arbeiteten, erkannten wir unsere Strukturen und merkten, dass offensichtlich zwei »Einser«, ein »Zweier«, ein »Dreier«, ein »Sechser« und ein »Neuner« unter uns waren, mit ihren jeweiligen Stärken und Schwächen. Nachdem uns das bewusst geworden war, konnten wir uns viel besser ergänzen. Wir erkannten, dass jeder von uns eine wichtige Aufgabe in der Gruppe hat. Es braucht jeden Typ, damit die Arbeit gut weitergeht. Wir merkten: Wenn nur »Dreier« in der Gruppe wären, würden sie die Abtei in kurzer Zeit überfordern. Wären nur »Sechser« darin, ginge nichts voran. Es würde zu kleinlich werden. Aber auch der »Sechser« hat seine Bedeutung für die Gruppe: Er wacht darüber, dass nichts Unrechtes geschieht. Und der »Einser« steht dafür, dass das, was gemacht wird, auch möglichst gut gemacht wird.

Gesetzesliebe und Freiheitsdrang

Um einen typischen Charakterkonflikt handelt es sich bei dem Konflikt zwischen Petrus und Paulus. Ich möchte Petrus und Paulus damit nicht in die Typologie des Enneagramms einzwängen. Dennoch kann man sagen: Petrus ist mehr der gesetzmäßige Typ, während Paulus eher der freiheitsliebende Mensch ist. Allerdings haben beide auch andere Seiten in sich. Petrus ist schnell begeisterungsfähig. Und mit seiner Begeisterungsfähigkeit kann er andere mitreißen. Er, von Jesus »Fels« genannt, wird gleichsam zum »Chef« der Jüngerschar. Paulus hat nicht nur die Freiheitsliebe in sich, sondern auch etwas Gesetzliches. Er war ja auch der linientreue und eifrige Phariäser, dem es um die Einhaltung aller Gebote ging. Und er hat manchmal etwas Zwanghaftes an sich. In dieser Hinsicht ist er der typische »Einser« des Enneagramms.

Der Konflikt zwischen beiden Aposteln wird uns sowohl von Lukas in der Apostelgeschichte erzählt als auch von Paulus selbst im Galaterbrief. Es geht bei diesem Konflikt nicht nur um zwei Personen, die verschiedene Strukturen haben, sondern um Vertreter verschiedener Richtungen innerhalb des frühen Christentums. Lukas berichtet uns von dem Konflikt zwischen Judenchristen und Heidenchristen. In Antiochia hatten Paulus und Barnabas viele Heiden zum Christentum bekehrt. Sie mussten sich nicht beschneiden lassen wie die Juden, sondern durften als Heiden direkt Christen werden. Dafür traten Paulus und Barnabas ein. Denn sie sagten: Nicht Werke des Gesetzes – wie die Beschneidung – machen uns vor Gott gerecht, sondern allein die Gnade Gottes, die in Jesus Christus erschienen ist. Es ging also um eine theologische Auseinandersetzung. Aber diese theologischen Differenzen hatten zugleich ihren Grund in den verschiedenen Charaktertypen von Petrus und Paulus. Es ging nicht nur um Theorie, sondern auch um zwei Personen, die verschieden strukturiert waren und daher miteinander in Konflikt kommen mussten.

Lukas beginnt seinen Bericht mit dem Konflikt, der in

Antiochia ausbrach, als Judenchristen aus Judäa kamen und von allen verlangten, sie sollten sich beschneiden lassen. Paulus wehrte sich dagegen. Doch man erzielte keine Einigung. Es war ein unlösbarer Konflikt. Also beschloss die Gemeinde von Antiochia, Paulus, Barnabas und einige andere Brüder nach Jerusalem zu schicken, damit sie diese Streitfrage mit den Aposteln klärten. Dort wurden sie von der Gemeinde freundlich empfangen. Doch einige von den Pharisäern, die gläubig geworden waren, forderten, dass alle beschnitten werden sollten. Auch da gab es einen heftigen Streit. Mitten im Streit stand Petrus auf und hielt eine klärende Rede (Apg 15,7–11). Er verwies darauf, dass Gott auch den Heiden den Heiligen Geist gesandt hat. Das hatte er selbst bei dem römischen Hauptmann Cornelius und seinen Leuten erlebt. Wenn Gott die Entscheidung getroffen hat, auch die Heiden mit dem Heiligen Geist zu erfüllen, dürfen die Menschen sich dem nicht widersetzen. Petrus ermöglichte durch seine Rede, dass die anderen dem Bericht des Paulus aufmerksam zuhörten. Und dann trat noch eine wichtige Person auf: Jakobus, der für die Judenchristen steht. Er bestätigte das, was Petrus gesagt hatte, und begründete es mit einem Wort des Propheten Jeremia, der sagt, dass Gott die zerfallene Hütte Davids wieder aufrichten wird, die offen sein wird für alle Völker. Und so schlägt Jakobus einen Kompromiss vor: Den Heiden sollten keine besonderen Lasten auferlegt werden. Sie sollten sich nur von Götzenopferfleisch fernhalten, Unzucht meiden und weder Ersticktes noch Blut essen (vgl. Apg 15,28f). Dieses »Apostoldekret« wurde allen Christen zugesandt. Auf diese Weise konnten die Gemeinden, die aus Juden- und Heidenchristen bestanden, friedlich zusammenleben. Der Konflikt wurde gelöst, auch wenn er trotzdem immer wieder aufflammte.

Recht haben oder aufeinander hören

Paulus selbst schildert die Vereinbarung zwischen den Aposteln und ihm und Barnabas im Galaterbrief etwas anders: »Wir sollten zu den Heiden gehen, sie zu den Beschnittenen. Nur sollten wir an ihre Armen denken; und das zu tun, habe ich mich eifrig bemüht« (Gal 2,9f). Doch diese Regelung führte zu Konflikten im täglichen Zusammenleben. Von so einem Konflikt berichtet Paulus: Petrus blieb einige Zeit in Antiochia und setzte sich mit den Heiden beim Mahl an einen Tisch. Doch als Leute aus dem Kreis um Jakobus eintrafen, zog er sich von den Heiden zurück und aß nur mit den Juden. Denn er hatte Angst vor der Kritik der Konservativen aus Jerusalem. In dieser Situation tritt Paulus dem Petrus offen entgegen und tadelt ihn. Petrus ging es offensichtlich um Klugheit im Umgang mit Heiden- und Judenchristen. Er wollte den konservativen Judenchristen kein Ärgernis geben. Doch für Paulus war das Verrat an der christlichen Botschaft. Für Paulus stand hier eine wichtige theologische Frage zur Debatte. Beide gingen also von unterschiedlichen Gesichtspunkten aus. Wie der Streit zwischen Paulus und Petrus ausgegangen ist, wird aus dem Galaterbrief nicht sichtbar. Paulus hält an seinen theologischen Grundsätzen fest, weil sie für ihn das Zentrum des christlichen Glaubens bedeuten. Ihm geht es eigentlich ums Rechthaben. Auf diese Weise kann ein Konflikt nicht wirklich gelöst werden. Da setzt sich der mit den besseren Argumenten durch, und der andere fühlt sich getadelt und in die Ecke gestellt.

Lukas schildert im Apostelkonzil der Apostelgeschichte eine freundlichere Lösung als die, die Paulus im Galaterbrief beschreibt. Beim Apostelkonzil gab es zwar auch heftigen Streit. Aber alle durften zu Wort kommen. Doch in der Diskussion überzeugen Petrus und Jakobus durch den Hinweis auf ihre Erfahrungen und auf die Aussagen der Propheten. Und zuletzt kann der Vorschlag, den Jakobus dann unterbreitet, von allen angenommen werden. Und so beschließt die ganze Versammlung, ein Schreiben zu verfassen und es durch Paulus, Barnabas, Silas und Judas den Gemeinden vorlesen und erläutern zu lassen. Die Einleitung dieses Briefes klingt für unsere Ohren recht fremd: »Der Heilige Geist und wir haben beschlossen« (Apg 15,28). Doch wir können es auch so verstehen: Die Apostel haben aufeinander gehört, aber sie haben auch auf den Heiligen Geist gehört. Sie waren offen für das, was der Heilige Geist durch die verschiedenen Gruppen innerhalb des Christentums sagt. So ist ihr Schreiben nicht nur ein Kompromiss, sondern eine Lösung, die ihnen vom Heiligen Geist eingegeben worden ist und die daher für alle Gültigkeit beansprucht. Sie haben im Konflikt eine Entscheidung getroffen, an die sich alle halten sollen. Aber diese Entscheidung ist nicht autoritär gefällt worden, sondern im Hören aufeinander und im Hören auf den Heiligen Geist. Man könnte sagen: Die paulinische Lösung führt immer wieder zu neuen Konflikten. Denn da geht es ums Rechthaben. Die lukanische Lösung dagegen führt zu einem freundschaftlichen Miteinander. Die Differenzen bleiben. Aber weil man aufeinander gehört hat, geht man freundlich miteinander um.

Sachargumente oder Typenargumentation

Ähnliche Konflikte wie beim Apostelkonzil entstehen auch heute in den christlichen Kirchen. Da gibt es konservative Kreise, die auf ein Einhalten der überlieferten Gebote und Vorschriften pochen. Und es gibt liberale Kreise, die sich eine ganz andere Kirche vorstellen. Alle berufen sich auf Jesus Christus und auf die Bibel. Aber oft merken beide Konfliktpartner gar nicht, wie sie die Bibel für ihre eigenen Interessen benutzen. Sie argumentieren mit der Bibel. Aber im Hintergrund stehen oft ganz andere Interessen. Und vor allem steht im Hintergrund immer auch ihre Charakterstruktur. Wieder in der Sprache des Enneagramms: »Einser« und »Sechser« müssen einfach mehr Wert auf die Gesetze legen als der »Dreier« oder gar der »Siebener«, dem es um Leichtigkeit geht. Es geht auch bei den theologischen Auseinandersetzungen nie nur um Sachargumente, sondern immer auch um eine Theologie, die meinem Typ entspricht, die mir meine Angst nimmt und die mir Hoffnung auf eine bessere Zukunft gibt. Der »Sechser« muss konservativer sein als der »Dreier«. Das ist keine Wertung. Das gilt es nüchtern anzuschauen. Dann kann man leichter miteinander ins Gespräch kommen und jedem seine Struktur und seine Spiritualität lassen, ohne sich auf eine Einheitstheologie oder Einheitsspiritualität festzulegen.

Ein junger Priester geriet immer wieder in Konflikt mit seiner Gemeinde. Er war sehr stur und wollte von seiner konservativen Haltung keinen Deut abrücken. In der Begleitung entdeckte er, dass er seine enge Haltung brauchte, um seine tief sitzende Angst einzudämmen. Schon als Kind hatte er die Angst, zu »versumpfen«. Vater und Mutter haben ihm nicht den Halt gegeben, den er gebraucht hätte. So brauchte er das enge Korsett, um seine Angst zurückzudrängen. Doch das führte ihn in unlösbare Konflikte mit der Gemeinde. Erst allmählich spürte er, dass seine konservative Haltung durchaus sein durfte, aber dass sein stures Pochen auf manchen Meinungen nicht theologisch bedingt, sondern letztlich seiner Charakterstruktur und seiner Lebensgeschichte geschuldet war. Durch diese Einsicht gelang es ihm, kreativer mit den Konflikten in der Gemeinde umzugehen. Er musste sich nicht mehr versteifen, sondern konnte unterscheiden zwischen dem Sachargument und den Argumenten, die seiner Charakterstruktur entsprachen.

Bei den Streitigkeiten innerhalb der Kirchen könnte das Apostelkonzil ein gutes Vorbild für eine angemessene Konfliktlösung sein. Da geht es erst einmal darum, die verschiedenen Meinungen darzustellen. Jede Gruppe darf – ohne dass sie gleich unterbrochen wird – ihre theologische und kirchliche Position darlegen. Dann kann die andere ihre Zielvorstellungen für die Kirche von heute erläutern. Man muss die beiden Positionen nicht sofort miteinander kombinieren. Man sollte sie einfach nebeneinander stehen lassen, ohne zu bewerten, welche besser ist. Dann bräuchte es Personen, die jenseits aller Konflikte stehen, die eine unabhängige Sicht haben. Wenn sie eine klärende Rede halten würden – wie Petrus, der sich auf seine Erfahrung beruft, oder wie Jakobus, der die Bibel zitiert –, könnte sich auch im Konflikt etwas klären. Sie hören nicht nur auf die verschiedenen Meinungen, um einen Kompromiss zwischen diesen Meinungen zu finden, sondern sie hören auch auf den Heiligen Geist. Was sagt der Heilige Geist durch die verschiedenen Stimmen hindurch? Der Vorschlag, den Jakobus dann im Heiligen Geist macht, kann von allen angenommen werden. Keine Partei fühlt sich als Verliererin, jede wird gewürdigt und ernst genommen. Und jede Partei geht der anderen ein wenig entgegen. Sie hört auch auf das, was der Heilige Geist ihr durch die andere Partei sagen möchte. Ob ein Vorschlag vom Heiligen Geist stammt oder nur ein fauler Kompromiss ist, das sieht man an den Auswirkungen. Wo der Geist Gottes am Werk ist, da wirkt er sich aus in Frieden, Freiheit und Liebe.

Streit, der weiterführt

Beim 2. Vatikanischen Konzil haben die konservativen und liberalen Kreise heftig miteinander gestritten. Aber dieser Streit hat die Kirche weitergebracht. Die Konzilsväter haben nicht nur aufeinander, sondern auch auf den Heiligen Geist gehört. So sind Lösungen entstanden, mit denen alle leben konnten. Und die Beschlüsse des Konzils haben die Fenster geöffnet und einen Prozess der Entwicklung in Gang gesetzt. Wenn nur eine Partei gesiegt hätte, wäre nicht so viel Fruchtbares daraus entstanden. Natürlich gibt es auch heute noch Kreise, die das Konzil am liebsten ungeschehen machen wollen. Aber sie weisen nicht in die Zukunft, sondern trauern nur einer Vergangenheit nach, die sie als heile Welt verklären, obwohl sie niemals wirklich heil war.

In einigen Ländern gibt es bis heute erbitterte Auseinandersetzungen zwischen den verschiedenen Kirchen, vor allem zwischen den etablierten Kirchen und den Freikirchen oder Pfingstkirchen. Da geht es in der Diskussion oft auch ums Rechthaben. Man möchte sich über die anderen stellen. Oft genug geschieht das auf Kosten der anderen, die man dann entwertet. Auch hier wäre es gut, zunächst einmal aufeinander zu hören: Was sind die Motive der jeweils anderen Kirche? Was fasziniert Menschen daran? Und was bereitet einem eher Kopfschmerzen, weil da wichtige theologische Einsichten übersprungen werden? Zu fragen ist auch: Welche Charaktere stehen hinter den Meinungen? Welche Bedürfnisse sollen durch die verschiedenen theologischen Ansätze befriedigt werden? Und dann ginge es darum, auf den Heiligen Geist zu hören. Was möchte der Heilige Geist uns dadurch sagen, dass andere Kirchen entstanden sind? Was können wir von anderen Kirchen lernen? Und wo sollen wir unsere eigene Identität klarer erkennen und nach außen zeigen? Was heißt es, heute authentisch Kirche zu sein, heute authentisch das Christsein in unserer säkularisierten Welt zu leben?

Was hinter einem Richtungsstreit steckt

Der Ablauf des Apostelkonzils bietet Hilfen an, wie man auch im rein weltlichen Bereich einer Firma mit einem Richtungsstreit umgehen kann. Auch ein Richtungsstreit – so sagt uns die Erzählung des Lukas – hat nie nur mit sachlichen Argumenten zu tun, sondern immer auch mit konkreten Personen. Jede Person kämpft für die Richtung, die für sie stimmig ist, die ihr die Angst nimmt und die ihr Hoffnung auf eine gute Zukunft schenkt. Wenn man um die Verbindung zwischen den Sachargumenten und der Persönlichkeitsstruktur weiß, kann man offener aufeinander hören. Da geht es nicht um das Rechthaben, sondern um ein Anerkennen, dass es in der Gruppe der Konfliktgegner berechtigte persönliche Bedürfnisse gibt, die man ernst nehmen muss. Wenn ich das akzeptiere, dann kann ich unterscheiden zwischen dem, was die Bedürfnisse der Einzelnen befriedigt, und dem, was die Firma als Ganzes in eine bessere Zukunft führt. Aber auch eine Firma setzt sich immer aus konkreten Menschen zusammen. Und es gibt keine Strategie, die unabhängig von den Personen ist. So kann es in einem Richtungskonflikt nur darum gehen, aufeinander zu hören – wie damals die Apostel in Jerusalem – und sich zu fragen, was der Geist Gottes uns sagen möchte. »Hören auf den Geist«, das klingt vielleicht fremd, wenn es um rein weltliche Themen geht. Aber auch da ist es wichtig, nicht nur auf die eigene Intelligenz zu vertrauen, sondern auch auf die Inspiration, die von einer anderen Ebene kommt. Wir könnten diese Ebene die Ebene des Bauchgefühls nennen oder die Ebene der Träume oder auch die Ebene, in der der Heilige Geist zu uns spricht. Wenn wir auf den Geist in uns hören, dürfen wir darauf vertrauen, dass Gott auch unsere Konfliktlösung segnen wird und dass alle damit gut leben können und eine bessere Zukunft eröffnet wird.

Jesu Umgang mit Konflikten – oder: Wie Konflikte auf gute Weise gelöst werden

Jesus war immer wieder mit Konflikten konfrontiert. Er ist schon in seiner Kindheit in Konflikt geraten mit seinen Eltern. Dann gab es Auseinandersetzungen mit seinen Jüngern, die oft nicht verstanden, worum es Jesus eigentlich ging. Und er ist auch in Konflikt geraten mit Menschen, die ihn auf die Probe gestellt haben oder die ihm feindlich gesinnt waren. Die Bibel berichtet uns vor allem von den Auseinandersetzungen mit den Pharisäern und Sadduzäern. Mit den Pharisäern hatte Jesus durchaus freundschaftliche Beziehungen. Doch er wehrt sich gegen das zu enge Gesetzesdenken mancher Pharisäer. Seine eigentlichen Gegner waren dagegen die Sadduzäer, der Priesteradel, der mit den Römern gemeinsame Sache machte. Jesus hat uns im Umgang mit den Pharisäern und Sadduzäern vorgemacht, wie er Konflikte löst.

Der Konflikt mit den Eltern

Lukas schildert am Ende der Kindheitsgeschichte den ersten Konflikt Jesu mit seinen Eltern. Die Entwicklung bis zum zwölften Jahr scheint harmonisch gewesen zu sein. Da heißt es von dem Kind: »Das Kind wuchs heran und wurde kräftig; Gott erfüllte es mit Weisheit, und seine Gnade ruhte auf ihm« (Lk 2,40). Die Eltern konnten also stolz sein auf ihren Sohn. Doch nun zieht der zwölfjährige Knabe mit den Eltern nach Jerusalem zum Paschafest. Als die Eltern sich mit der Pilgergruppe auf den Heimweg machen, bleibt Jesus in Jerusalem. Die Eltern suchen ihn bei den Verwandten und Bekannten. Doch umsonst. Sie kehren zurück nach Jerusalem und finden ihn nach drei Tagen im Tempel unter den Schriftgelehrten. Die Eltern sind sehr betroffen, und die Mutter fragt: »Kind, wie konntest du uns das antun? Dein Vater und ich haben dich voll Angst gesucht« (Lk 2,48). Der griechische Ausdruck bedeutet hier: Wir haben dich mit Schmerzen gesucht. Man hört die Sorge und die Enttäuschung über den Sohn heraus. Er hat seinen Eltern Leid angetan. Sie waren drei Tage voller Angst um ihn und machten sich Vorwürfe, dass sie nicht richtig auf ihn aufgepasst hatten. Jesus antwortet auf eine Weise, die die Eltern sicher nicht getröstet, sondern eher nochmals verletzt hat: »Warum habt ihr mich gesucht? Wusstet ihr nicht, dass ich in dem sein muss, was meinem Vater gehört?« (Lk 2,49). Die Eltern spüren die Fremdheit ihres Sohnes. Er geht einen Weg, den sie nicht verstehen. Das ist eine Zumutung für die Eltern, die ihr Kind nach bestem Wissen und Gewissen erziehen wollen. Hier wird ein Familienkonflikt deutlich, wie ihn auch heute viele Familien erleben. Die Eltern verstehen ihr Kind nicht mehr. Das Kind aber hat kein Verständnis für die Sorgen der Eltern. Es ist überzeugt, seinen Weg gehen und sich von den Eltern lösen zu müssen.

Maria, die schmerzlich erleben muss, dass sie ihren Sohn nicht versteht, reagiert auf sein Fernbleiben aber nicht mit einem Vorwurf. Es heißt vielmehr von ihr: »Seine Mutter bewahrte alles, was geschehen war, in ihrem

Herzen« (Lk 2,51). Im Griechischen steht hier *diaterein* (»hindurchschauen«). Das bedeutet: Maria trägt alles durch. Sie hält in ihrem Herzen fest, was geschehen ist. Sie versucht, durch die äußeren Ereignisse durchzudringen zu ihrem tieferen Sinn. Und sie schaut durch das Geschehene hindurch in den inneren Grund ihrer Seele. Dort, in diesem inneren Raum des göttlichen Geheimnisses, kann sie auch aushalten, dass sie ihren Sohn nicht versteht. Trotzdem steht sie zu ihm.

Von Jesus heißt es nach dem Konflikt im Tempel von Jerusalem: »Er stieg mit ihnen hinab und kam nach Nazareth und war ihnen untertan« (Lk 2,51). Jesus stieg also hinab in ihren Alltag, in das gewöhnliche Leben, und ordnete sich den Eltern unter. Aber zugleich wuchs er heran. »Und seine Weisheit nahm zu, und er fand Gefallen bei Gott und den Menschen« (Lk 2,52). Jesus geht seinen eigenen Weg. Er ist auf diesem Weg seinem himmlischen Vater verpflichtet. Aber zugleich ordnet er sich im konkreten Alltag den Eltern unter, bis seine Stunde gekommen ist und er seinen Auftrag erfüllt: hinauszugehen zu den Menschen und ihnen die Frohe Botschaft von der heilenden und befreienden Nähe Gottes zu verkünden.

Lukas zeigt sowohl bei den Eltern als auch beim Kind Haltungen auf, die nötig sind, um die Konflikte, die mit der Entwicklung des Kindes zum Erwachsenen auftreten, auf gute Weise zu lösen. Die Eltern sollen das, was sie nicht verstehen, in ihrem Herzen bewahren und zugleich durch alles, was ihnen unverständlich bleibt, hindurchschauen auf den Grund ihrer eigenen Seele und auf den Grund des Kindes. Dort begegnen sie dem Geheimnis ihres wahren Selbst und dem Geheimnis ihres Kindes. Sie lassen dem Kind seine Besonderheit und erkennen, dass es letztlich nicht ihnen gehört. Sie hören sich hinein in das einmalige Wort, das Gott in ihrem Kind ausspricht. Vom Kind wird erwartet, dass es sich den Eltern unterordnet, auf sie hört und sich eingliedert in den Alltag. Mitten im Alltag wächst es heran, um dann in Freiheit den eigenen Weg zu gehen. Und im Hören auf die Eltern und auf die Stimme Gottes im eigenen Herzen lernt das Kind Weisheit, lernt es, wie Leben gelingt.

Der Konflikt zwischen den Jüngern

Einen Konflikt zwischen den Jüngern erzählen uns die ersten drei Evangelisten. Es ist der Konflikt darum, wer in der Nähe Jesu am meisten gilt. Es ist also ein Streit um die Rangfolge zwischen den Jüngern. Matthäus schildert uns das so, dass die Mutter der Zebedäussöhne zu Jesus kommt und ihn darum bittet, dass ihre beiden Söhne im Reich Jesu zu seiner Rechten und Linken sitzen dürfen, dass sie also die ersten Plätze einnehmen. Diese Bitte ärgert die anderen Jünger. Sie haben den Eindruck, dass sich da zwei in den Vordergrund drängen. Bei Matthäus ärgert sie vermutlich noch mehr, dass auch die Mutter die Wünsche ihrer Söhne unterstützt und sie bei Jesus durchdrücken will (Mt 20,20). Lukas beschreibt den Konflikt allgemeiner: »Es entstand unter ihnen ein Streit darüber, wer von ihnen wohl der Größte sei« (Lk 22,24). In allen drei Evangelien antwortet Jesus auf den Streit, indem er auf das Verhalten der irdischen Autoritäten verweist: Die Könige herrschen über ihre Völker. Sie machen andere klein, um an ihre eigene Größe glauben zu können. Sie brauchen ihre herausragende Stellung, um sich von anderen bewundern zu lassen. Doch bei den Jüngern Jesu soll es anders sein: »Der Größte unter euch soll werden wie der Kleinste, und der Führende soll werden wie der Dienende« (Lk 22,26). Jesus löst den Konflikt also nicht, indem er zwischen den Jüngern vermittelt, sondern indem er andere Grundsätze aufstellt. Er rückt die Maßstäbe zurecht: Bei Christen soll es nicht um die Frage gehen, wer die größte Macht und Geltung hat, sondern darum, einander zu dienen. Wer also groß sein will, der soll den anderen dienen und in ihnen Leben wecken. Indem Jesus der Bitte der Zebedäussöhne ihre Grundlage entzieht, weist er einen neuen Weg, wie die Jünger miteinander umgehen sollen. Sie sollen nicht wetteifern, wer der Erste im Himmelreich sein wird, sondern wer den Menschen am meisten dient. Diese Maßstäbe entziehen dem Streit um die ersten Plätze die Grundlage.

Die Kirchen verkünden die Worte Jesu vom Herrschen als Dienen. Trotzdem geht es innerhalb der Kirche noch heute genauso um Macht und Geltung wie damals unter den Jüngern. Matthäus hat die Szene (Mt 20,20–28) als Mahnung an die Gemeinden verstanden, denen er sein Evangelium gewidmet hat. Er musste erfahren, dass innerhalb der christlichen Gemeinden ähnliche Machtkämpfe entstanden, wie sie damals unter den Jüngern zu sehen waren. Bei Matthäus antwortet Jesus nicht sofort mit dem Hinweis auf das Dienen, sondern er stellt den beiden Jüngern, die hoch hinauswollen, eine Frage: »Könnt ihr den Kelch trinken, den ich trinken werde?« (Mt 20,22). Er weist sie auf das Leiden hin, das ihm bevorsteht. Wer einer christlichen Gemeinde vorstehen will, der muss bereit sein, wie Jesus den Weg des Leidens zu gehen. Die beiden Jünger bejahen, dass sie fähig seien, sich dem Leiden zu stellen. Dann erst antwortet Jesus, dass er keine Plätze zu vergeben hat, sondern dass es bei Gott liegt, an wen er die obersten Plätze verteilt. In der christlichen Gemeinde geht es nicht um Karriere, sondern um den Dienst. Die Plätze im Reiche Jesu sind nicht mehr Zeichen der Macht, sondern Zeichen der Nähe zu Jesus. So sollen die christlichen Vorsteher danach streben, Jesus ähnlich zu sein, der sein Leben für uns hingegeben hat. Die Worte Jesu entziehen allem Machtstreben ihre Grundlage. Dennoch gibt es auch in christlichen Gemeinden dieses Machtstreben, und es löst viele Konflikte aus. Denn da möchte man andere übertrumpfen, besser dastehen als sie, über sie herrschen, da möchte man am meisten Einfluss haben in der Kirche.

Dass da nicht nur über Vergangenes gesprochen wird, erfahre ich immer wieder bei meiner Arbeit als geistlicher Begleiter. Seit 22 Jahren begleite ich im Recollectio-Haus Priester und Mitarbeiter in den Pfarreien. Von Konflikten innerhalb der Pfarreien ist da sehr oft die Rede. Da gibt es engagierte Laien, die sich im Pfarrgemeinderat einbringen, die Verantwortung für die Gemeinde übernehmen, aber manche Priester tun sich schwer, den Laien, z.B. dem Pfarrgemeinderatsvorsitzenden, ihre Kompetenz zuzusprechen. Sie berufen sich auf ihr Amtsverständnis. Der Pfarrer hat für sie das letzte Wort. Und so geht viel Engagement ins Leere. Offensichtlich ist: Manche Priester können ihre Macht nicht abgeben. Sie geben zwar oft theologische Gründe dafür an, dass sie mit diesem oder jenem Vorschlag nicht einverstanden sind. Aber oft stehen dahinter nur Machtbedürfnisse. Natürlich erlebe ich auch umgekehrt, dass sich im Pfarrgemeinderat Menschen engagieren, denen es nicht nur um die Anliegen der Gemeinde geht, sondern um ihre eigene Macht. Sie sehen in der Pfarrei einen Ort, an dem sie ihr Geltungsbedürfnis ausagieren können, weil sie sonst im Beruf oder daheim in der Familie nicht viel zu sagen haben. Das Problem ist, dass man sich oft solche Bedürfnisse nicht wirklich bewusst macht, sondern sie hinter anderen Motiven – etwa der Nächstenliebe oder der Liebe zur Pfarrei – versteckt.

Diese hier für geistliche Zusammenhänge benannten psychologischen Mechanismen sind natürlich übertragbar auf andere Lebensbereiche. Auch in Firmen geht es oft um die Frage der Macht. Da will ein Abteilungsleiter Macht ausüben, indem er sich ständig in andere Abteilungen einmischt und sie kritisiert. Auch da verstecken sich die Machtbedürfnisse oft hinter sachlichen Argumenten: Man möchte ja nur das Beste für die Firma. In Wirklichkeit möchte man das Beste für sich selbst. Man möchte Macht haben. Die Macht hat auch heute noch für viele Menschen eine eigene Faszination. In Konflikten sollte man daher darauf schauen, ob es um die Sache geht oder um die Macht, die Einzelne an sich reißen oder die sie über die anderen ausüben möchten.

Im Lukasevangelium entsteht der Streit der Jünger darüber, wer von ihnen der Größte ist, beim letzten Abendmahl. Jesus hat den Jüngern seine tiefste Liebe erwiesen und sich ihnen selbst geschenkt in den Gaben von Brot und Wein. Die Jünger haben die Einheit mit Jesus gespürt. Doch im nächsten Augenblick schon geht es ihnen um ihre Größe und um ihre Geltung innerhalb der christlichen Gemeinde. Manchmal werden – bis heute – Machtkämpfe gerade auch in der Liturgie ausgefochten. Und auch hier ist wieder nur exemplarisch von dem Erfahrungsfeld katholischer Gemeinden die Rede. Dass dahinterstehende Mechanismen sich auch in anderen konfessionellen Gruppierungen feststellen lassen, kann bei der Beschreibung immer mitgedacht werden. Da lässt man also zum Beispiel Laien nicht predigen und begründet es theologisch: weil der Priester zu diesem Amt berufen ist, der schließlich Theologie studiert hat. Doch oft haben die Laien – etwa die Pastoralreferenten – genauso gut oder sogar noch besser Theologie studiert. Und sie können manchmal sogar besser predigen. Aber um die Macht des Wortes nicht abgeben zu müssen, versteckt man sich hinter theologischen Gründen. Die Machtkämpfe in der Kirche werden oft nicht so benannt. Man sagt, es gehe nur um den Geist Jesu, den man in der Kirche verbreiten möchte – und merkt gar nicht, wie sehr man gegen den Geist Jesu verstößt, wenn man sich in einem Zusammenhang auf ihn beruft, in dem es in Wirklichkeit um Macht und Einfluss geht.

Ein wichtiger Weg, solche Konflikte zu lösen, besteht darin, sich ehrlich und demütig der eigenen Machtbedürfnisse bewusst zu werden. Wenn ich dazu in der Lage bin, kann ich auch einen Weg finden, wie ich mit meinem Machtbedürfnis umgehen kann. Macht an sich ist ja nicht schlecht. Dahinter steht die Sehnsucht, etwas gestalten zu können. Aber es geht eben darum, sie so auszuüben, dass sie den Menschen dient und nicht der eigenen Größe, der eigenen Karriere oder dem eigenen Ruhm.

Der Konflikt Jesu mit seinen Jüngern hat nicht nur der

Kirche etwas zu sagen, sondern auch weltlichen Firmen. In Unternehmen gibt es ja ebenfalls oft einen Konflikt um die ersten Plätze. Und wie bei den Jüngern versucht man, Beziehungen zum Chef auszunutzen, um sich selbst ins rechte Licht zu rücken. Oder man benutzt – wie bei Matthäus – andere, dass sie sich bei der Führung für einen einsetzen. Wenn jemand seine Beziehungen benutzt, um an die Spitze zu kommen, ärgert das die anderen, die durch ihre Leistung auf sich aufmerksam machen möchten. Ein solcher Kampf um die ersten Plätze wird nicht selten mit unfairen Mitteln ausgefochten.

Es braucht das Nachdenken über das, was Führung wirklich meint. In der Führung geht es ja nicht darum, sich über die anderen zu stellen, andere klein zu machen, um an die eigene Größe glauben zu können. Jede Führungsaufgabe ist immer auch Dienst für andere. Ich diene der Firma und ich diene den Menschen, indem ich versuche, in ihnen Leben zu wecken, sie so zu fördern, dass sie ihr eigenes Potential entfalten und dass ihre Fähigkeiten der Firma zugutekommen. Nur wer bereit ist zu dienen, sollte sich für eine Führungsaufgabe bewerben. Und auch die Frage Jesu nach dem Leiden trifft auf die Führungskonflikte in der Firma zu. Wer sich um die Führungsaufgabe bewirbt, sollte wissen, dass sie auch Leiden bedeutet, dass man bereit sein muss, durch schwierige Situationen und manche Konflikte hindurchzugehen.

Scheinbar unlösbare Konflikte

Die Gegner Jesu locken ihn immer wieder in Konflikte, die scheinbar unlösbar sind. Sie wollen ihn in die Enge treiben und ihn vor aller Öffentlichkeit blamieren. Oder sie rechnen damit, dass er in einer Weise Farbe bekennen muss, die ihm selbst schadet. Ich möchte nur zwei dieser Konflikte kurz erzählen. Einmal kommen Pharisäer und Anhänger des Herodes zu Jesus, »um ihn mit einer Frage in eine Falle zu locken« (Mk 12,13). Sie fragen Jesus: »Ist es erlaubt, dem Kaiser Steuer zu zahlen, oder nicht? Sollen wir sie zahlen oder nicht zahlen?« (Mk 12,14). Wenn Jesus mit Ja antwortet, verscherzt er sich die Sympathien der frommen Juden, die eigentlich dagegen waren, dem Kaiser Steuern zu zahlen. Aber keiner traute sich, das offen zu sagen. Man versuchte, die Zahlung der Steuer zu umgehen, ohne aufzufallen. Wenn Jesus mit Nein antwortet, dann könnten ihn die Anhänger des Herodes gleich gefangen nehmen. Also ein Dilemma. Doch Jesus »durchschaute die Heuchelei und sagte zu ihnen: Warum stellt ihr mir eine Falle? Bringt mir einen Denar, ich will ihn sehen. Man brachte ihm einen. Da fragte er sie: Wessen Bild und Aufschrift ist das? Sie antworteten ihm: Des Kaisers. Da sagte Jesus zu ihnen: So gebt dem Kaiser, was dem Kaiser gehört, und Gott, was Gott gehört« (Mk 12,15–17). Jesus lässt sich nicht in Enge treiben oder in die Falle locken. Er handelt aktiv. Da offenbaren die Pharisäer, dass ihre Frage scheinheilig ist, denn sie tragen ja die Münzen des Kaisers bei sich. Jesus tritt aus der passiven Haltung des in die Enge Getriebenen heraus. Indem er eine Frage stellt und die Konfliktgegner antworten lässt, gewinnt er seine Souveränität zurück. Durch seine Frage gewinnt er wieder einen weiten Raum zum Atmen. Dann antwortet er nicht genau auf die Frage, die ihm gestellt ist, sondern er sagt nur: Gebt dem Kaiser zurück, was ihm gehört. Die Münzen, die er mit seinem Bild versehen hat, gehören dem Kaiser. Aber der Mensch ist Bild Gottes. Und er gehört ganz und gar Gott. Also soll der Mensch alles, was ihn in seinem Wesen ausmacht, Gott zurückgeben. Dem Kaiser sollen sie nur zurückgegeben, was sie von ihm empfangen haben: Das ist eben das Geld für die Straßen, die er für sie gebaut hat. Jesus löst den Konflikt, indem er sich nicht in die Rolle dessen treiben lässt, der sich rechtfertigen muss. Er nimmt einen anderen Blickwinkel ein, stellt das Ganze auf eine andere Ebene und stellt selbst die Frage an die Konfliktgegner. Und die können auf die Lösung Jesu nichts erwidern: »Sie waren sehr erstaunt über ihn« (Mk 12,17).

Ähnlich ist die Situation, in der die Schriftgelehrten und Pharisäer eine Frau zu Jesus bringen, die beim Ehebruch ertappt worden ist. Sie erinnern Jesus daran, dass Mose im Gesetz vorgeschrieben hat, solche Frauen zu steinigen. »Nun, was sagst du?« (Joh 8,5). Auch hier steht Jesus vor einem unlösbaren Konflikt. Die Pharisäer wollen eigentlich keine Streitfrage lösen, sondern sie wollen »ihn auf die Probe stellen, um einen Grund zu haben, ihn zu verklagen« (Joh 8,6). Wenn Jesus die Frage verneint, stellt er sich gegen das Gesetz, das die Steinigung vorsieht. Wenn er sie bejaht, stellt er sich gegen die Römer, die den Juden das Recht auf den Vollzug der Todesstrafe entzogen hatten. Er könnte also bei den Römern angeklagt und von ihnen als Staatsfeind verurteilt werden. Und sicher wären viele seiner Anhänger enttäuscht, weil diese Härte nicht der Frohen Botschaft entsprechen würde, die Jesus sonst verkündet hat. Jesus antwortet also nicht auf die Frage, sondern er bückt sich und schreibt etwas in den Sand. Man könnte sagen: Er gewinnt Zeit, er taucht ab, er zieht sich auf sich selbst zurück, um in sich eine kreative Lösung zu entdecken. Sein Schreiben in den Sand könnte man einfach als eine Art Brainstorming verstehen. Man kann das Schreiben in den Sand aber auch symbolisch verstehen. Dann könnte es bedeuten, dass alle Weisungen des Gesetzes in den Sand geschrieben sind und sich mit Jesu Kommen auflösen. Es kommt nicht auf den Buchstaben an, sondern auf den Sinn des Gesetzes, der in Jesu Weisung erfüllt wird. Jesus richtet sich auf und sagt jetzt den genialen Satz, der die Rollenverteilung im Konflikt durcheinanderbringt: »Wer von euch ohne Sünde ist, werfe als Erster einen Stein auf sie« (Joh 8,7). Jetzt bringt Jesus seinerseits die Pharisäer und Schriftgelehrten in einen unlösbaren Konflikt. Auf der einen Seite wollen sie die Frau unbedingt steinigen. Auf der anderen Seite wissen sie sehr genau, dass vor Gott keiner ohne Sünde ist. Einer nach dem anderen geht. Jesus beobachtet das Weggehen nicht. Er bückt sich vielmehr wieder zum Schreiben. Er lässt den Pharisäern die Freiheit, wie sie mit dem Konflikt, in den er sie gestellt hat, umgehen. Aber er vertraut darauf, dass es keiner wagt, sich als sündenfrei hinzustellen. Als Jesus sich wieder aufrichtet, ist niemand mehr da, nur noch die Frau. Jesus fragt sie: »Frau, wo sind sie geblieben? Hat dich keiner verurteilt? Sie antwortete: Keiner, Herr. Da sagte Jesus zu ihr: Auch ich verurteile dich nicht. Geh und sündige von jetzt an nicht mehr!« (Joh 8,10f).

In beiden Fällen geht es um unlösbare Konflikte. In beiden Fällen löst Jesus sie souverän. Der unlösbare Konflikt wird von den Gegnern Jesu dazu benutzt, ihm eine Falle zu stellen, so dass sie einen Grund finden, um ihn anzuklagen und zu vernichten. Diese Erfahrung machen wir manchmal auch. Die, die etwas gegen uns haben, benutzen den Konflikt, um uns zu attackieren. In einer solchen Situation bräuchten wir die Souveränität Jesu, um uns der Falle zu entziehen. Von ihm können wir lernen, uns nicht in eine bestimmte Rolle drängen zu lassen. Wir sollen zunächst bei uns selbst bleiben, uns Zeit lassen, nach innen hören. Dann taucht oft aus der Tiefe unserer Seele eine Idee auf, wie wir uns aus der Zwickmühle befreien können. Es geht darum, dass wir selber die Initiative ergreifen, entweder indem wir den anderen die Frage zurückgeben oder ihnen eine Frage stellen, auf die sie zuerst einmal antworten müssen. Auf diese Weise gewinnen wir Zeit. Und wir bringen die anderen in Argumentationsnöte. Indem sie mit ihren Argumenten ins Stolpern kommen, entlarven sie sich selbst mit ihrer Absicht. Es kann hilfreich sein, nicht sofort auf die uns gestellte Frage zu antworten, sondern erst in uns selber hineinzuhorchen, welches Gefühl da in uns auftaucht. Oft spüren wir dann, dass die Frage eine Falle ist, dass es eigentlich um etwas ganz anderes geht. Es braucht die Achtsamkeit, bei sich selbst zu sein, und innere Freiheit, um das durchschauen zu können. Eine Hilfe könnte sein, kurz innezuhalten und zu beten, damit uns im Gebet eine Idee kommt, wie wir angemessen reagieren können.

Ein Mitarbeiter geht zum Chef und beschuldigt einen anderen Mitarbeiter, er habe ihm Geld gestohlen. Wenn der Chef sofort auf die Anklage eingeht, den beschuldigten Mitarbeiter zur Rede stellt und ihm die Entlassung androht, setzt er sich der Gefahr aus, dass er von dem anklagenden Mitarbeiter nur benutzt wird. Wenn er sofort eine öffentliche Untersuchung einleitet, zerstört er das Vertrauen zwischen den Mitarbeitern und weckt damit Zweifel an seiner Autorität. Der Chef täte gut daran, sich – wie Jesus – nicht in die Enge treiben zu lassen, sondern den Ankläger zu fragen: »Haben Sie Beweise? Worauf gründet sich Ihr Verdacht?« Dann kann deutlicher werden, ob es sich um einen wirklich begründeten Verdacht handelt oder ob Rivalität oder Neid zwischen den beiden Mitarbeitern eine Rolle spielen. Durch die Frage löst er sich aus der Rolle, in die ihn der andere drängen möchte. Wenn der Verdacht begründet ist, kann er den Mitarbeiter fragen: »Und was schlagen Sie vor?« Auch mit dieser Frage gewinnt er Zeit. Und wenn ihm der Vorschlag nicht gefällt, kann er antworten: »Ich werde mir geeignete Schritte überlegen.« Er entzieht sich der Rolle, sich vor dem Mitarbeiter rechtfertigen zu müssen. Er nimmt selbst das Heft in die Hand, anstatt sich von dem Mitarbeiter in eine von diesem vorgegebene Rolle drängen zu lassen.

Ein anderes Beispiel aus dem Alltag: In kirchlichen Kreisen ist es leider verbreitet, dass man anonyme Anschuldigungen gegen unliebsame Personen lanciert. Wie darauf reagieren? Wenn ein Pastor oder Presbyter auf anonyme Anschuldigungen eingeht, lässt er sich vom Ankläger benutzen. Er sollte ihm aber keine Macht geben, die ihm nicht zusteht. Wenn der Ankläger persönlich zum Pastor geht und ihm das fehlerhafte Verhalten eines Gemeindemitglieds oder eines kirchlichen Mitarbeiters vorhält, um ihn zum Handeln zu zwingen, dann tut der Pastor gut daran, wie Jesus in die aktive Rolle des Fragestellers zu gehen und sich nicht gleich in die Falle locken zu lassen, die manchmal nicht ganz uneigennützigen Beweggründe des anderen zu unterstützen. Auch hier kann eine Frage weiterhelfen, die in die Richtung des Wortes Jesu zielt: »Wer ohne Sünde ist, werfe den ersten Stein!« Er kann den Ankläger fragen: »Was möchten Sie diesem Menschen sagen?« Der Ankläger möchte den Pastor benutzen, den Angeklagten zur Rede zu stellen. Doch es geht nicht um Anklage, sondern darum, wie wir, die wir alle nicht ohne Fehler sind, mit einem anderen umgehen, der einen Fehler begangen hat. Jesu Wort entlarvt die Selbstgerechtigkeit der Pharisäer, ohne sie anzuklagen. Darin würde die Weisheit des Pastors bestehen, dass er den Ankläger nicht selber anklagt: »So etwas erzählt man nicht!« Dann gäbe es einen Machtkampf. Der Ankläger würde sich entrüsten über die Laxheit des Pastors. Klüger ist es, den Ankläger nach seinem Verhalten zu befragen: »Wie gehen Sie mit dem Fehler des anderen um? Was würde diesem Angeklagten weiterhelfen?« Mit solchen Fragen befreit man sich aus der Enge, in der einen viele Ankläger gerne sehen möchten.

Kreative Konfliktlösung – oder: Wie wir im Geist Jesu mit Spannungen umgehen können

Die Evangelien berichten uns Worte Jesu, die er bewusst in die Konflikte hineingesprochen hat, die er in seinen Jüngergemeinden vorausgesehen hat. Es sind Worte, die verschiedene Situationen vor Augen haben. Diese Worte können uns auch heute helfen, mit den verschiedenen Konflikten unseres Lebens im Geiste Jesu umzugehen.

Konfliktlösung in der Gemeinde

Der Evangelist Matthäus hat im 18. Kapitel Worte Jesu zusammengestellt, die alle den Umgang der Christen in der Gemeinde miteinander betreffen. Daher wird dieses Kapitel auch die Gemeinderegel genannt. Hier geht Jesus auch auf das Lösen von Konflikten ein. Er rechnet damit, dass sich Brüder in der Gemeinde verfehlen und dass es zu Spannungen kommt. Jesus empfiehlt verschiedene Arten von Strategien: »Wenn dein Bruder sündigt, dann geh zu ihm und weise ihn unter vier Augen zurecht. Hört er auf dich, so hast du deinen Bruder zurückgewonnen. Hört er aber nicht auf dich, dann nimm einen oder zwei Männer mit, denn jede Sache muss durch die Aussage von zwei oder drei Zeugen entschieden werden. Hört er auch auf sie nicht, dann sag es der Gemeinde. Hört er aber auch auf die

Gemeinde nicht, dann sei er für dich wie ein Heide oder ein Zöllner« (Mt 18,15–17).

Die Konfliktlösung ist immer von der Sorge für den Einzelnen geprägt. Doch dieser Text bereitet vielen Exegeten große Probleme. Denn da ist nicht nur von der Sorge für den anderen die Rede, sondern auch vom Ausschluss. Doch in erster Linie geht es um die Verantwortung füreinander. Die Zurechtweisung des Bruders hatte im Judentum eine lange Tradition. Matthäus steht in der Formulierung seiner Gemeinderegel in der jüdischen Tradition, für die es zur Verantwortung jedes Einzelnen gehört, den Bruder auf ein Verhalten aufmerksam zu machen, das das Zusammenleben der Gemeinschaft stört. Im Vers 15 heißt es (was in der Einheitsübersetzung nicht voll wiedergegeben wird): »Wenn aber dein Bruder gegen dich sündigt, so geh und stell ihn unter vier Augen zur Rede!« Es geht also nicht um die Sünde überhaupt, sondern um ein Sich-Verfehlen gegen den Bruder oder die Schwester. Wer von der Sünde des anderen betroffen ist, der sollte mit ihm sprechen. Er sollte ihm aber keine Moralpredigt halten, sondern den Sachverhalt von seiner Seite aus ansprechen, vor allem aber die Verletzung und Kränkung mitteilen, die das Verhalten des anderen bei ihm ausgelöst hat. Es geht nicht darum, über ihn zu urteilen, sondern mit ihm allein darüber zu sprechen, wie sein Verhalten bei einem angekommen ist, wie er sich dabei gefühlt hat und welche Reaktion es bei ihm ausgelöst hat. Dann heißt es: »Wenn er auf dich hört, hast du deinen Bruder gewonnen« (18,15). Wörtlich heißt es: »Wenn er dich hört«. Er soll nicht in erster Linie auf vorwurfsvolle Worte hören, sondern auf mich und meine Gefühle. Ich soll mich zu Gehör bringen in meiner inneren Gestimmtheit, anstatt mich hinter sachlicher Argumentation zu verstecken. Wenn der Bruder mich hört, wenn eine Beziehung entsteht zwischen ihm und mir, dann habe ich ihn gewonnen. Wenn wir einander und aufeinander hören, gehören wir auch einander, dann entsteht von Neuem Gemeinschaft. Hier geht es also um einen Konflikt zwischen zwei Personen. Und den soll ich im Gespräch mit der anderen Person klären. Am Ende des Gesprächs sollte eine neue Beziehung zwischen den beiden Konfliktpartnern stehen.

Nur wenn das Gespräch nicht gelingt, soll ich noch einen oder zwei hinzuziehen und einen neuen Versuch starten, mit dem Bruder ins Gespräch zu kommen. Ich soll nicht *über* ihn reden, sondern *mit* ihm. Ich soll meine ganze Kunst darauf verwenden, mit ihm ins Gespräch zu kommen, ihm unter dem Schutz der kleinen Gruppe die Möglichkeit geben, sich von seinem Fehlverhalten zu distanzieren. Das Hauptaugenmerk soll darauf gerichtet sein, den Bruder zu gewinnen, ihn wieder in die Gemeinschaft zu integrieren. Matthäus zitiert hier eine Stelle aus dem Buch Deuteronomium: »Erst auf die Aussage von zwei oder drei Zeugen darf eine Sache Recht bekommen« (Dtn 19,15). Diese Regel dient dem Beschuldigten. Er soll auch von anderen gehört werden, die ihn vielleicht besser verstehen als der, der sich von ihm verletzt fühlt. Die beiden anderen können eher beurteilen, wie das Verletzen des einen durch den anderen einzuordnen ist. Vielleicht sehen beide die Situation nicht richtig. Die Zeugen wollen den Beschuldigten nicht in die Enge treiben, sondern ihm gerecht werden. Vielleicht kann man sein Verhalten auch in einem anderen Licht sehen. Das Ziel des Gesprächs ist die

Versöhnung zwischen den beiden, damit die Störung in der Gemeinde aufgehoben wird.

Nur wenn sich der Beschuldigte oder Korrigierte verschließt, wenn er gar nicht hören will, was die anderen zu sagen haben, soll man es der Gemeinde sagen. Die ganze Gemeinde soll dann den Fall anschauen und beurteilen und nach Möglichkeit lösen. Erst wenn der Beschuldigte gar nicht hören will, was die anderen zu ihm sagen, wenn er sich absolut im Recht sieht und sich nicht in Frage stellen lässt, wenn er sich also selbst verschließt, schließt er sich auch aus der Gemeinschaft aus. Matthäus sagt nicht, dass dieser Ausschluss endgültig sein soll. Vielleicht ist er nur – wie es viele Ausleger der frühen Kirche gesehen haben – ein Ausschluss auf Zeit, damit der andere zur Einsicht kommt.

Oft lässt sich ein Konflikt nicht zwischen den beiden Konfliktpartnern lösen. Da ist es hilfreich, ein paar andere mit ins Gespräch zu nehmen. Man könnte den anderen einladen, sich eine Vertrauensperson zu suchen. Und man selbst schlägt jemanden vor, der noch am Gespräch teilnimmt. Dabei sollte aber nicht von vornherein der Eindruck entstehen, dass der andere schuld sei an dem Konflikt. Matthäus geht von einem Fehlverhalten des Einzelnen aus, der von anderen zurechtgewiesen wird. Doch das ist meistens nicht so klar, wenn zwei miteinander einen Konflikt haben. Die Gruppe soll nicht gegen einen Einzelnen agieren. Es geht vielmehr darum, im Gruppengespräch die Konflikte der beiden in einen größeren Horizont zu stellen. Das kann eine Hilfe sein, damit sich zwischen beiden etwas klärt. Es kann allerdings auch eine Situation entstehen, in der die betroffene Person nicht nur mit ihrem Konfliktpartner, sondern mit der ganzen Gruppe ein Problem hat. Das ist dann eher die Situation, an die Matthäus denkt. Dann ginge es darum, den anderen wieder in die Gruppe einzubinden. Nur wenn das nicht gelingt, sollte ihm klargemacht werden, dass er sich außerhalb der Gruppe stellt. Die Frage ist, wie es ihm damit geht. Ihm seine Isolierung bewusst zu machen, kann heilsam sein, damit er selber nach Wegen sucht, sich in die Gemeinschaft zu integrieren, oder aber die Konsequenz zieht, aus der Gemeinschaft auszuscheiden, weil es keine Gemeinsamkeiten mehr gibt. Psychologisch gesehen könnte man diese Art der Konfliktlösung als »achtungsvolle Konfrontation« beschreiben. Man konfrontiert den Einzelnen mit seinem Verhalten. Aber man zeigt ihm immer zugleich Wertschätzung. Man gibt ihm zu verstehen, dass man ihn gerne in die Gemeinschaft einbinden möchte, weil er ein wertvolles Mitglied der Gemeinschaft ist. Das Ziel wäre, alle wieder ins Boot zu holen, damit man gemeinsam weiterrudern kann.

Ein Beispiel aus der klösterlichen Gemeinschaft mag erläutern, dass es dabei um die Lösung ganz menschlicher Probleme geht: Ein Bruder fühlt sich gestört, weil sein Mitbruder in der Nachbarzelle das Radio so laut aufdreht. Er bittet ihn im Gespräch darum, das Gerät leiser zu machen. Denn er kann bei diesem Lärm nicht meditieren und auch nicht in Ruhe lesen. Doch der andere hört nicht darauf. Er meint, das Radio sei doch nicht so laut. Er bemühe sich ja, Rücksicht zu nehmen. Doch das Gespräch hilft nicht. Das Radio ist nach wie vor genauso laut. Dann ist es sinnvoll, mit zwei anderen ein Gespräch zu führen, um den Konflikt zu lösen. Die anderen beiden hören sich die

Argumente an. Sie fragen die beiden Kontrahenten, was ihnen denn helfen würde, was sie vom anderen erwarten. Dann können die beiden Zeugen Vorschläge machen, wie man den Konflikt löst. Vielleicht kann man dem Mitbruder mit dem lauten Radio Kopfhörer kaufen. Oder man vereinbart Zeiten, in denen das Radio auf jeden Fall ausgeschaltet bleibt. Wenn jedoch auch da kein Einsehen ist, dann würde man es nicht der ganzen Gemeinschaft sagen, aber doch den Abt um Hilfe bitten, dass er eine Entscheidung trifft, wie das Problem zu lösen ist. Ein Ausschluss aus der Gemeinschaft ist natürlich allein aufgrund eines solchen Verhaltens nicht möglich. Aber der Mitbruder bekommt zumindest Druck, damit er sein Verhalten ernsthaft ändert. Der hl. Benedikt zitiert übrigens diese Stelle zweimal in seiner Regel. Offensichtlich ist das Wort Jesu für ihn ein wichtiger Weg, Konflikte in der Gemeinschaft zu lösen.

In Firmen setzt man bei Konflikten, die zwischen zwei Personen oder zwei Gruppen nicht zu lösen sind, Moderatoren ein. Das könnte man als Weiterführung der Praxis sehen, die Jesus im Matthäusevangelium vorschlägt. Der Moderator sorgt dafür, dass jede der Konfliktparteien ihren Standpunkt darstellen und vertreten kann. Er selber richtet nicht, fällt auch keine Entscheidung, sondern sorgt nur für die Einhaltung der Spielregeln. Die Einigung muss von den Konfliktparteien selber kommen. Für den Moderator ist es wichtig, dass er sich von keiner Partei benutzen lässt und dass er auch nicht seine Überzeugung durchdrückt, sondern nur auf die Fairness im Gespräch der Konfliktparteien achtet. Würde er selbst seine Lösung durchsetzen, würde sie zu neuen Konflikten führen.

Wenn von den beiden Konfliktparteien ein Kompromiss gefunden wird, dann soll der Moderator dafür sorgen, dass die Lösung durchgeführt und eingehalten wird. Es ist gut, einen Zeitpunkt zu benennen, an dem nochmals überprüft wird, ob diese Lösung von allen beherzigt wird und für alle akzeptabel ist.

Moderatoren einzusetzen ist nicht nur bei ausdrücklichen Konflikten sinnvoll. In unserer Abtei werden die Senioratssitzung oder die Konventsgespräche immer von einem Moderator geleitet und nicht vom Abt oder Cellerar. Denn wenn der Abt oder der Cellerar, die ein Projekt durchsetzen wollen, die Sitzung leiten, sind sie nicht objektiv. Sie lassen dann die anderen nicht genügend zu Wort kommen. Das gilt auch für den Firmenchef. Wenn er mit den Führungskräften die zukünftige Strategie bespricht, darf nicht er die Sitzung leiten. Dann würde keine freie Diskussion entstehen. Die Diskussion würde von ihm so geleitet, dass er seine Ziele durchsetzen kann. Wenn ein neutraler Moderator sie leitet, kann der Konflikt klarer benannt werden, in den die Einzelnen durch die neue Strategie kommen. Und dann kann man das Für und Wider sachlicher besprechen. Natürlich sollte der Chef für seine Strategie werben können. Aber es braucht einen unabhängigen Moderator, damit die Diskussion dann frei und offen geführt werden kann.

Eine andere Rolle als der Moderator hat der Schlichter bei der Konfliktlösung. Ein Schlichter wird oft eingesetzt, wenn beide Konfliktparteien sich nicht einigen können. Häufig ist das bei Tarifauseinandersetzungen der Fall. Auch bei dem Konflikt um Stuttgart 21, wo sich die Parteien unversöhnlich gegenüberstanden, einigte man sich schließlich auf einen Schlichter. Beide Parteien wählen den Schlichter gemeinsam. Und damit verpflichten sie sich, den Schiedsspruch des Schlichters auch anzunehmen. Nicht immer gelingt das. Manchmal geht dann die Auseinandersetzung noch weiter. Doch dann hat man letztlich die Spielregeln verletzt. Denn wenn man einen Schlichter bestimmt, einigt man sich letztlich darauf, dass der Schiedsspruch des Schlichters als Lösung des Konflikts gilt und dass man sich an diesen Spruch auch hält.

Konfliktlösung durch Vergebung

Für christliche Gemeinschaften kommt noch etwas dazu: Die wichtigste Voraussetzung, dass eine solche Gemeinschaft gelingen kann, ist die grenzenlose Vergebung. Petrus meint, er sei schon großmütig, wenn er seine Frage an Jesus, wie oft er vergeben solle, mit dem Angebot verbindet: »Bis zu siebenmal?« (18,21). Bei den Juden war es üblich, einem Menschen zwei- bis dreimal zu vergeben, wenn er gegen einen gesündigt hatte. Petrus ist durchaus bereit, die Pharisäer mit seiner Vergebungsbereitschaft zu übertreffen. Doch Jesus verweist ihn auf die grenzenlose Vergebung. Vielleicht fragt Petrus auch gar nicht danach, wie oft er vergeben müsse, sondern ob seine Vergebung vollkommen sein sollte: Die Sieben kann auch als die Zahl der Vollkommenheit verstanden werden. Aber dann gilt erst recht: Die Antwort Jesu »nicht siebenmal, sondern siebenundsiebzigmal« erwartet von Petrus »vollkommen-vollkommenste, grenzenlos-unendliche, unzählbar-wiederholte Vergebung« (Luz, Das Matthäusevangelium 3,62).

Jesus geht es in erster Linie um die Maßlosigkeit der Vergebung. Die bezieht sich einmal auf die Zahl, zum anderen aber auch auf die Art und Weise der Vergebung. Die Vergebung soll vollkommen sein, sie soll mit ganzem Herzen geschehen und nicht nur mit dem Willen. Sie soll hinabreichen bis in die Tiefen des Unbewussten. Und vollkommen ist sie dann, wenn sie an Gottes Vergebung teilhat.

Es gibt Konflikte, die nicht gelöst werden können, wenn nicht beide Konfliktpartner bereit sind, zu vergeben, wenn sie nicht die alten Verletzungen loslassen, sie gleichsam begraben. Das gilt vor allem für die Partnerschaft zwischen zwei Menschen. Eine Ehe gelingt nur, wenn beide Partner bereit sind, einander immer wieder zu vergeben. Denn sonst werden sie die Verletzung durch den anderen ständig als Vorwand benutzen, um zu begründen, warum man bei den Konflikten nicht weiterkommt. Und man wird dem anderen immer wieder vorwerfen, dass er durch sein Fehlverhalten ja schuld sei an allem. Man zwingt ihn gleichsam, sein Leben lang im Bußgewand herumzulaufen. Doch das ist der Tod einer Partnerschaft. Wenn ich nicht bereit bin, dem anderen zu vergeben, lasse auch ich mich von ihm nicht kritisieren. Denn dann greift der Mechanismus: »Du musst gerade reden. Du hast mich damals so verletzt.« Oder aber ich lebe mit dem dauernden Vorwurf: »Du bist schuld. Du hast so verletzende Worte gesagt. Du hast mich so enttäuscht, weil du dein Versprechen nicht gehalten hast.« Ich erwarte dann allein vom anderen eine Entschuldigung. Doch meistens ist es nicht so klar, wer wen verletzt hat. Beide Konfliktpartner haben etwas zu vergeben. Ein Partner muss dem anderen vergeben, dass er ihn so verletzt hat. Der andere muss vergeben, dass sein Gegenüber ihn aufgrund der Verletzung abgelehnt und ausgegrenzt hat, dass er ihm jede Chance auf einen neuen Anfang genommen hat. Er hat ihn gleichsam gezwungen, sich ständig zu entschuldigen, dass er damals diese Verletzung begangen hat.

Die Frage ist, wie wir zu einer Vergebung kommen, die eine solche Qualität hat, dass sie einen Konflikt wirklich löst. Für mich gibt es da fünf Schritte.

Der erste Schritt: Ich soll den Schmerz zulassen. Ich soll also die Verletzung durch den anderen nicht vorschnell entschuldigen oder über sie hinweggehen. Mir tut es weh, wie der andere mich behandelt.

Der zweite Schritt: Ich brauche die Wut, um mich innerlich vom anderen zu distanzieren. Wenn ich zu sehr in meinen gekränkten Emotionen bleibe, kann ich nicht vergeben. Denn dann hat der andere Macht über mich. Ich brauche eine innere Distanz, um dem anderen vergeben zu können. Und ich brauche die Wut, um mit meiner eigenen Kraft in Berührung zu kommen. Der Gekränkte fühlt sich oft ohnmächtig. Seine Wut zu spüren ist der erste Schritt, wieder sich selbst und seine Kraft zu fühlen.

Der dritte Schritt: Ich versuche, objektiv anzuschauen, was da gerade abgelaufen ist. Wie ist der Konflikt entstanden? Was hat mich so verletzt? War es ein Missverständnis? Oder haben sich andere Dinge in das Gespräch eingeschlichen, die mit der sachlichen Auseinandersetzung nichts zu tun haben? Hat der andere mich verletzt, weil er sich unterlegen fühlte? Oder hat er nur seinen eigenen Frust oder Verletzungen aus seiner Kindheit weitergegeben? Ich versuche zu verstehen, was abgelaufen ist. Nur wenn ich den Konflikt verstehe, kann ich im Konflikt zu mir stehen. Und dieses Zu-mir-Stehen ist die Voraussetzung, dass ich einen Konflikt lösen kann.

Der vierte Schritt: Ich vergebe dem anderen und befreie mich von der negativen Energie, die durch die Kränkung in mir entstanden ist. Vergebung tut mir selber gut. Sie reinigt mich von den negativen Kräften des anderen. Und dann bedeutet Vergebung, dass ich das verletzende Verhalten bei ihm lasse. Wenn ich nicht vergebe, bin ich an den anderen gebunden, dann hat der andere Macht über mich. Die Vergebung befreit mich aus der Macht des anderen, sie löst die Bindung an ihn auf. So kann ich in Freiheit meinen Weg weitergehen. Vergebung heißt nicht, dass ich dem anderen gleich um den Hals falle. Es kann durchaus sein, dass meine Seele so verletzt ist, dass sie zwar vergibt, aber die Nähe des anderen noch nicht ertragen kann. Dann soll ich überlegen, wie ich nach der Vergebung die Beziehung zu ihm gestalten kann. Sie kann von mehr Distanz geprägt sein. Es kann aber auch sein, dass eine ehrlichere und offenere Beziehung entsteht. Vergeben heißt nicht unbedingt, dass ich das Vergangene vergesse, aber dass ich frei bin von dem, was geschehen ist, dass es mich nicht mehr in meinem Verhalten und in meinen Gefühlen bestimmt, dass ich es loslassen oder beim anderen lassen kann.

Der fünfte Schritt wäre dann, die Wunde in eine Perle zu verwandeln. Das meint: Aus dem Konflikt kann auch etwas Gutes hervorgehen. Wir können eine neue Lösung finden, wir entdecken eine neue Basis für unser Miteinander. Und der Konflikt bringt mich in Berührung mit meiner eigenen Wahrheit und mit meinen eigenen Fähigkeiten. Durch die Verletzung bin ich aufgebrochen worden für mein wahres Selbst und für neue Möglichkeiten in meiner Seele. Und der Konflikt macht mich demütiger. Er zeigt mir meine eigenen Schattenseiten auf. Und ich lerne, den anderen mit seinen empfindlichen Seiten anzunehmen. Ich mache ihm keinen Vorwurf und auch mir selbst nicht. Wir brechen uns immer mehr füreinander auf. So wächst die Liebe durch den Konflikt, und sie wird alles in mir und im anderen mit einbeziehen.

Wenn wir in einer Gemeinschaft – sei es die Familie, eine Pfarrei oder eine Firma – einander nicht vergeben, dann halten wir uns gegenseitig ständig unsere Fehler vor und sind in einem permanenten Aufrechnen befangen: Wer hat mehr verletzt? Wer ist mehr schuld am Konflikt? Solches Aufrechnen führt zu keiner Lösung. Im Jargon sagt man: Ich sammle »Rabattmarken«, damit ich es dem anderen bei Gelegenheit »heimzahlen« kann. Mit einer solchen Mentalität stehen zuletzt aber alle vor einem Berg von Kränkungen, der durch das Aufrechnen immer höher wird.

Neben dem Aufrechnen gibt es dann auch den Mechanismus der Vergeltung: Wir vergelten dem anderen die Verletzung, indem wir ihn wiederum verletzen. Dieser Weg vergiftet mehr und mehr die Atmosphäre. Wir schaukeln uns gegenseitig hoch in unseren Versuchen, den anderen noch mehr zu verletzen. In vielen Firmen ist dieser Mechanismus der Vergeltung lebendig. Da wird das Fehlverhalten einer Abteilung von der anderen registriert. Und man zahlt es dieser Abteilung heim. Man wartet, bis die offene Rechnung – durch alte Verletzungen aufgestellt – beglichen wird. Die Vergebung ist ein wichtiger Weg für eine Gemeinschaft, wie sie mit Verletzungen und Konflikten umgeht.

Vergebung muss auf angemessene Weise geschehen. Ein Chef hatte einen Konflikt mit seiner Sekretärin, den er klären wollte. Er hatte sie hart kritisiert, und sie hatte sich verschlossen. Er versuchte ihr zu vermitteln, dass ihm seine Worte leidtun, aber ihr auch klarzumachen, womit er sich schwertat, welches Verhalten ihn manchmal ärgerlich machte. Er wollte so neue Wege des Miteinanders ausmachen. Doch mitten im Gespräch sagte die Sekretärin: »Also gut, ich vergebe Ihnen im Namen Jesu.« Das war für den Chef wie eine Ohrfeige. Denn die Sekretärin sah offensichtlich sich selbst und ihr eigenes Verhalten als fehlerlos an und schob alle Schuld dem Chef zu. Und in ihrer Großzügigkeit vergab sie ihm – nach klarer Schuldzuweisung. Eine solche Vergebung löst keinen Konflikt. Vergebung bedeutet, dass ich erst einmal die Situation schildere, die zu einem Fehlverhalten führt. Nur wenn jeder seinen Anteil an Schuld zugibt, kann man einander vergeben und die Situation klären. Wenn ich durch meine Bereitschaft zu vergeben dem anderen alle Schuld zuschiebe, stelle ich mich über ihn. Und das meint Jesus mit Vergebung sicher nicht. Vergebung soll vielmehr ein neues Miteinander ermöglichen, ein Miteinander auf gleicher Augenhöhe.

Vergeltungsmechanismen durchbrechen

In der Zeitung lesen wir ständig von Konflikten, von kriegerischen Auseinandersetzungen zwischen den Völkern, von Konflikten unter den Tarifpartnern, von Konflikten innerhalb der Parteien und zwischen den Koalitionspartnern. Und es gibt die vielen Konflikte, die immer wieder zwischen verschiedenen Bevölkerungsgruppen auftreten – Interessenkonflikte, Verteilungskonflikte, Machtkonflikte. Und meistens versuchen die vermeintlich Stärkeren den Konflikt dadurch zu lösen, dass sie möglichst viel Kraft einsetzen, um den Konflikt mit Macht zu lösen. Doch je mehr Macht ich einsetze, um einen Konflikt zu lösen, desto stärker wird die Gegenwehr. Je mehr Gewalt ich anwende, desto mehr Gegengewalt rufe ich hervor. Es entsteht ein Teufelskreis der Gewalt. Das zeigt etwa der jahrzehntelange Konflikt zwischen Israelis und Palästinensern oder der zwischen Katholiken und Protestanten in Nordirland. Nur wenn die Konfliktparteien den Mechanismus der Vergeltung durchbrechen, wird eine Lösung des Konflikts möglich.

Jesus zeigt uns in der Bergpredigt einen kreativen Weg, um aus diesem Teufelskreis auszubrechen. Er verweist uns auf kluge Lösungen, wie wir mit jemandem umgehen können, der uns verletzt hat. Dabei stellt Jesus keine Normen auf, sondern zeigt an konkreten Beispielen, wie wir aus dem Mechanismus der Vergeltung und Abrechnung herauskommen.

Vier Beispiele zeigen, wie wir kreativ mit Konflikten umgehen sollen.

Das erste Beispiel: Oft führen wir sofort einen Prozess gegen den, der uns verletzt hat. Wir wollen unbedingt recht bekommen. Jesus schlägt uns vor, keinen Prozess zu führen. So ist das Wort Jesu zu verstehen, das oft übersetzt wird mit: »Leistet dem, der euch etwas Böses antut, keinen Widerstand« (Mt 5,39). Wenn wir uns als von Gott geliebte Menschen wissen, dann haben wir es nicht nötig, allen zu beweisen, dass wir im Recht sind. Wir müssen unser Recht nicht erstreiten. In aller Ruhe darzulegen, was uns als das Richtige erscheint, ist viel sinnvoller. Denn wenn wir in einem Konflikt nur auf unserem Recht bestehen, wird der andere für seinen Anspruch kämpfen. Und es gibt dann nur Sieger und Verlierer. Einer hat recht, der andere unrecht. Das Recht zu leben, das wir von Gott haben, ist größer als das Rechthaben vor anderen. Wenn ich das Recht habe, so zu sein, wie ich bin, gestehe ich es auch dem anderen zu. Und dazu gehört auch das Recht, eine andere Meinung zu haben als ich.

Das zweite Beispiel: »Wenn dich einer auf die rechte Wange schlägt, dann halt ihm auch die andere hin« (Mt 5,39). Auf die Backe zu schlagen ist bei den Juden weniger ein Zeichen von Gewalt als von Entehrung. Man schlägt nicht mit dem Handinneren, sondern mit dem Handrücken. Es ist kein richtiges Schlagen, sondern mehr ein Berühren mit dem Handrücken, das ausdrückt: »Wer bist du schon? Ich verachte dich.« Wer sich von Gott geehrt weiß, braucht um seine Ehre nicht besorgt zu sein. Der andere kann mich gar nicht entehren, weil ich eine Ehre in mir habe, die mir niemand nehmen kann. Daher muss ich nicht ständig um meine Ehre kämpfen. Ich habe die Ehre in mir, sie kann mir keiner nehmen. Das Verhalten, das Jesus von uns fordert, ist kein Zeichen von Schwäche, sondern von Stärke. Wer so stark ist, dass er in sich ruht, der hat keine Angst vor entehrenden Worten anderer. Und er verunsichert den, der ihn entehren will. Und vielleicht ermöglicht er ihm den Blick auf seine eigene Würde. Weil er mich nicht entehren kann, beginnt er an seine eigene Ehre zu glauben.

Das dritte Beispiel: »Wenn dich einer vor Gericht bringen will, um dir das Hemd wegzunehmen, dann lass ihm auch den Mantel« (Mt 5,40). Den Mantel durfte bei den Juden niemand durch das Gericht erstreiten. Denn den Mantel brauche ich als wärmende Decke in der kalten Nacht. Jesus meint nun: Wer sich von Gott geschützt weiß, kann selbst den Mantel weggeben, der ihn in der Nacht vor der Kälte schützen würde. Im Bewusstsein, geschützt zu sein, kann ich mich ungeschützt auf das Gespräch einlassen. Ich muss mich nicht verschanzen hinter irgendwelchen Grundsätzen. Ich bin offen für das, was im Gespräch geschieht. Ich verstecke mich nicht hinter meinem dicken Mantel, hinter meiner Rolle, hinter meiner Maske. Ich zeige mich dem anderen, wie ich bin. Nur so kann ein Gespräch entstehen. Nur so kann eine Begegnung gelingen.

Das vierte Beispiel: »Wenn dich einer zwingen will, eine Meile mit ihm zu gehen, dann geh zwei mit ihm« (Mt 5,41). Die römischen Besatzungssoldaten hatten damals das Recht, jeden Juden zu zwingen, eine Meile mit ihnen zu gehen, entweder als Wegweiser oder als Lastenträger. Viele Juden haben dieses römische Besatzungsrecht nur zähneknirschend erfüllt. Und dabei ist ihr Hass auf die Römer gewachsen. Jesus empfiehlt, statt der einen Meile zwei mit dem römischen Soldaten zu gehen. Dann kann ich ihn unterwegs als Freund gewinnen. Er ist nicht mein Feind. Ich gehe mit ihm, lasse mich auf ihn ein. Und so kann ich ihn für mich gewinnen. Und es geht mir selber auch besser damit. Der Feind wird mir zum Freund. Das ist auch für mich weniger anstrengend, und es tut mir gut, aus der Feindschaft auszusteigen und den Feind in einen Freund zu verwandeln. Auch im letzten Weltkrieg gab es immer wieder Beispiele, wie trotz des Gegeneinanders im Krieg Freundschaft zwischen einzelnen Menschen entstanden ist, Freundschaft zwischen Besetzern und Besetzten, zwischen Gefangenen und ihren Wärtern, zwischen Fremdarbeitern und ihren Arbeitgebern. Diese Freundschaften haben nach dem Krieg das Miteinander der Völker erleichtert. Mein Vater hat während des Krieges russische und polnische Zwangsarbeiter, die in den Nachbarstraßen die beschädigten Häuser ausbessern mussten, zum Mittagessen eingeladen. Da ist Freundschaft entstanden. Die Zwangsarbeiter haben es ihm gelohnt. Nach dem Krieg war unser Haus das einzige, das nicht geplündert worden ist.

Was Jesus in diesen vier Beispielen konkret aufgezeigt hat, fasst er dann zusammen in dem Wort: »Liebt eure Feinde und betet für die, die euch verfolgen« (Mt 5,44). Bei Lukas heißt die Parallelstelle: »Liebt eure Feinde; tut denen Gutes, die euch hassen. Segnet die, die euch verfluchen; betet für die, die euch misshandeln« (Lk 6,27f). Durch die Liebe kann ich die Feindschaft überwinden. Da finde ich kreative Lösungen für einen Konflikt. Ich vermeide, dass die Konfliktpartner zu erbitterten Feinden werden.

Drei Verhaltensweisen drücken diese Liebe aus.

Die erste Verhaltensweise: Ich soll für den beten, der mich verfolgt, der mich verletzt. Im Beten schütze ich mich gegen die Verletzung durch den anderen. Ich reagiere aktiv auf den, der mich verletzt hat. Und im Gebet bekomme ich eine neue Sichtweise auf ihn. Ich sehe in ihm nicht nur den Feind, sondern den, der selbst der Hilfe bedarf, der voller Sehnsucht ist, mit sich selbst in Frieden zu kommen.

Die zweite Verhaltensweise: Ich soll die gut behandeln, die mich schlecht behandeln, gut mit ihnen umgehen, obwohl sie unfair mir gegenüber sind. Damit eröffne ich ihnen einen Raum, in dem sie ihr Verhalten überdenken und eventuell verändern können.

Die dritte Verhaltensweise: Ich soll die segnen, die schlecht von mir reden. Segnen heißt: gut von ihnen reden, ihnen Gutes wünschen. In Kursen mache ich manchmal die Übung: Ich stelle mir den vor, der mich verletzt hat, der schlecht von mir redet, der mich bekämpft, mit dem ich gerade einen Konflikt habe. Dann erhebe ich meine Hände zur Segensgebärde und lasse über meine Hände den Segen Gottes hinströmen zu diesem Menschen. Die Kursteilnehmer, die diese Übung gemacht haben, erzählen, dass sie ihnen gutgetan hat. Sie haben den Segen wie einen Schutzschild erfahren, der sie vor der negativen Ausstrahlung des anderen schützt. Und sie haben den Segen als etwas Aktives erfahren. Sie sind aus ihrer Opferrolle ausgestiegen, in die sie durch die Verletzung gekommen sind, und haben aktiv auf die Verletzung reagiert. Sie konnten dann diesem Menschen anders begegnen. Er war nicht mehr der Feind, sondern auch ein Mensch, der unter dem Segen Gottes steht. Und sie hatten Hoffnung, dass er durch Gottes Segen mit sich selbst in Berührung kommt und in sich inneren Frieden findet. Wenn er mit sich im Einklang ist, dann braucht er das negative Verhalten nicht mehr. Im Segen lege ich ihn nicht fest auf sein negatives Verhalten, sondern schaffe einen Raum, in dem er auch mit dem guten Kern in sich in Berührung kommen kann. Zumindest werde ich ihm anders begegnen. Ich lasse meine negativen Bilder von ihm los, die durch die Verletzung in mir entstanden sind. Und ich traue ihm zu, dass er das Gute, das auch in ihm ist, auch mir gegenüber zeigen wird.

So ist es für Jesus letztlich die Liebe, die zu kreativen Lösungen führt, die bei einem Konflikt oft herausführt aus der ausweglosen Enge, in die wir manchmal hineingeraten, weil jeder auf seinem Standpunkt stehen bleibt. Seine Forderung der Feindesliebe ist keine Überforderung, sondern ein kreativer Weg, Konflikte zu lösen. Es ist gut, wenn ich mich mitten in einem erbitterten Konflikt immer wieder daran erinnere, dass Gott meine Gegner liebt. Und ich soll versuchen, sie als Brüder und Schwestern Jesu Christi auch selber zu lieben. Dabei kann das Bild hilfreich sein, das Jesus im Matthäusevangelium den Jüngern vor Augen hält: Gott »lässt seine Sonne aufgehen über Bösen und Guten, und er lässt regnen über Gerechte und Ungerechte« (Mt 5,45). Wenn ich mir dieses Bild vor Augen halte, dann sind die Konfliktpartner keine erbitterten Feinde mehr, sondern Menschen, denen das Wohlwollen Gottes gilt, denen seine Sonne genauso scheint wie mir und auf deren Felder Gottes Regen genauso fällt wie auf meine. Das lässt oft die Fronten zerfließen, und ein Miteinander wird möglich.

Dass solche kreativen Lösungen, die Jesus empfiehlt, auch heute möglich sind, möchte ich an einem Beispiel aufzeigen. In einer großen Firma war eine Werkshalle abgebrannt. In dieser Halle hätten Teile gefertigt werden müssen, die einen festen Liefertermin hatten. Die Arbeiter sahen den Brand der Werkshalle als willkommene Gelegenheit, sich auszuruhen. Denn sie konnten ja nicht weiterarbeiten. Das war ihre Reaktion auf das Verhalten der

Geschäftsleitung, der es nur um Zahlen ging und die keine wirkliche Beziehung zu den Arbeitern aufbaute. Die Geschäftsleitung konnte den Konflikt zwischen ihrer Verpflichtung, die fertigen Teile zu liefern, und der Verzögerung, die durch den Brand eingetreten ist, durch moralische Appelle nicht lösen. Alle gut gemeinten Worte erzeugten nur noch größeren Widerstand. Da sprach einer der Meister mit seinen Arbeitern, erzählte ihnen sein eigenes Dilemma: dass er die Teile liefern müsse. Er fragte sie: »Wie könnt ihr euch vorstellen, die Teile zu fertigen. Seht ihr Möglichkeiten?« Die Arbeiter spürten, dass dieser Meister sie achtete und ihnen mit Wohlwollen begegnete. Das ist nichts anderes, als dass er sie liebte. Diese positive Einstellung des Meisters hat die Beteiligten zu kreativen Lösungen geführt. Sie haben gemeinsam überlegt, was sie machen könnten. Und sie konnten alle Teile termingerecht liefern. Die Mitarbeiter spüren, ob ich sie wirklich mag oder nicht. Wenn ich sie nicht liebe, kann ich mit ihnen auch keine kreativen Lösungen finden.

Konfliktlösung durch Distanzierung

Im Lukasevangelium zeigt Jesus einen eigenartigen Weg zur Konfliktlösung auf. Seine Worte wirken auf uns eher befremdlich. Denn wir bringen sie nicht zusammen mit dem Bild des Frieden stiftenden Jesus. Jesus sagt: »Meint ihr, ich sei gekommen, um Frieden auf die Erde zu bringen? Nein, sage ich euch, nicht Frieden, sondern Spaltung. Denn von nun an wird es so sein: Wenn fünf Menschen im gleichen Haus leben, wird Zwietracht herrschen: Drei werden gegen zwei stehen und zwei gegen drei, der Vater gegen den Sohn und der Sohn gegen den Vater, die Mutter gegen die Tochter und die Tochter gegen die Mutter, die Schwiegermutter gegen ihre Schwiegertochter und die Schwiegertochter gegen die Schwiegermutter« (Lk 12,51–53).

Jesus will mit diesem Wort nicht den Familienzwist rechtfertigen. Damals hing die Familie eng zusammen. Das hatte Vorteile, weil sie Geborgenheit stiftete. Aber zugleich konnte diese Bindung einengend und lähmend werden, wenn der Einzelne kaum seinen eigenen Weg gehen konnte. Wenn Menschen zu sehr zusammenhängen, dann gibt es keinen wirklichen Frieden. Eine solche Symbiose kann dem Einzelnen auch den Raum zum Atmen nehmen, so dass er nicht frei denken und fühlen kann. Alles, was er denkt und fühlt, ist dann von den anderen beeinflusst. Die Psychologie spricht dann von »konfluenten« Persönlichkeiten, die keine Grenze zum anderen haben. Sie sind in ihrem Denken und Fühlen völlig von anderen abhängig, haben keinen eigenen Stand, sondern gehen in den anderen auf. In diese Situation will Jesus zuerst einmal Spaltung bringen. Bei Matthäus steht an einer ähnlichen Stelle sogar: »Schwert« (Mt 10,34). Das Schwert trennt die Menschen voneinander. Es schafft Grenzen zwischen den einzelnen Menschen. Und diese Trennung ist notwendig, damit sie miteinander wirklich im Frieden leben können. Das andere ist nur ein Scheinfriede. Es ist kein Friede zwischen freien Menschen, sondern ein Einheitsbrei, von dem aber keine Energie ausgeht. Jeder muss auf eigenen Füßen stehen. Dann kann er dem anderen frei begegnen und mit ihm Frieden schließen. Solange er nicht auf eigenen Füßen steht, ist keine wirkliche Beziehung möglich. Da klebt dann alles nur miteinander zusammen.

Der Sohn muss dieser einmalige Mensch werden, als den Gott ihn gedacht hat. Er kann sich nicht nur als Sohn des Vaters definieren. Er muss ausbrechen aus der Symbiose, um ganz er selbst sein zu können. Dann kann er auch eine gute Beziehung zum Vater aufnehmen und dankbar sein für die Wurzeln, die der Vater für ihn darstellt. Das Buch Tobias hat das mit dem Bild der Galle ausgedrückt: Tobias schüttet seinem blinden Vater Tobit die Galle in die Augen. Der Vater reibt sich die schmerzenden Augen. Davon gehen seine blinden Flecken weg. Er kann wieder sehen. Und er umarmt seinen Sohn. Galle steht für Aggression. Der Sohn braucht die Aggression, um sich vom Vater zu distanzieren. Wenn er seinen eigenen Stand gefunden hat, dann kann er den Vater umarmen, dann kann er eine gute Beziehung zu ihm eingehen. Aber es ist dann eine Beziehung zwischen zwei freien Menschen. Das gilt auch für das Verhältnis von Mutter und Tochter. Auch die Tochter muss sich aus der Symbiose befreien, um ihr eigenes Frausein verwirklichen zu können. Nur wenn sie selbständig geworden ist, kann sie auch die Wurzeln achten, die ihr die Mutter geschenkt hat.

Jesus bringt noch das Beispiel von Schwiegermutter und Schwiegertochter. Schon damals gab es offensichtlich Probleme in dieser Beziehung. Oft ist der Grund der Konflikte zwischen beiden, dass beide ein ganz bestimmtes Bild vom anderen haben. Die Schwiegermutter versteht die Schwiegertochter nicht, weil sie anders denkt und fühlt. Und die Schwiegertochter kann die Schwiegermutter nicht ertragen, weil sie so anders ist als die eigene

Mutter. Die Bilder, die beide voneinander haben, sind die wahre Ursache ihrer Probleme. Daher besteht die Lösung des Konflikts darin, die Bilder von der anderen loszulassen und sie so gelten zu lassen, wie sie ist. Die Schwiegermutter darf so sein. Und die Schwiegertochter auch. Wenn beide sich von ihren Bildern lösen, können sie einander gelten lassen. Dann ist ein gutes Miteinander möglich. Aber es braucht das Schwert, um die Bilder entzweizuhauen, mit denen man den anderen festgelegt und in eine Schublade gesteckt hat.

So ist das Wort Jesu eine Hilfe für viele Familienkonflikte, die daher rühren, dass man noch keinen eigenen Stand gefunden hat. Eine Frau beschwerte sich bei mir über die eigene Mutter. Diese habe so viele Erwartungen und Wünsche an sie. Sie könne diese Erwartungen einfach nicht erfüllen. Daher macht sie jeder Besuch bei der Mutter aggressiv. Ich fragte sie: »Warum sind Sie aggressiv auf Ihre Mutter? Die darf doch Erwartungen an Sie haben. Aber es ist Ihre Entscheidung und Verantwortung, wie viel von diesen Erwartungen Sie erfüllen möchten.« Die Tochter war noch innerlich an die Mutter gebunden. Sie wollte immer die liebe und verständnisvolle Tochter sein. Ich kann nicht beides: meine Freiheit leben und zugleich das Bild verwirklichen, das meine Mutter von mir hat. Das Bild, das die Mutter sich von mir gemacht hat, engt mich ein. Ich muss es mit dem Schwert zerschlagen. Dann kann ich meiner Mutter wirklich begegnen. Und dann kann ich als freie Tochter in Freiheit überlegen, wie ich mit meiner Mutter und ihren Erwartungen umgehe.

Wir können die Situation, die Jesus beschreibt, auch auf andere Gruppen beziehen, auf die Firma, auf eine Pfarrgemeinde, auf einen Verein. Immer wenn die Menschen zu sehr miteinander verwoben sind, ist keine klare Konfliktlösung möglich. Das Beziehungsgeflecht ist oft so eng und so kompliziert, dass man die Dinge nicht klar ansprechen kann. Oft sind die Verwicklungen innerhalb einer Firma unter der Oberfläche. Man nimmt sie gar nicht wahr. Aber oft lassen sich die Konflikte gerade deswegen nicht lösen, weil es unter der Oberfläche so viele Verwicklungen gibt. Bei allen Beiträgen und Lösungsvorschlägen spielen die verschiedenen Beziehungen eine Rolle. Man fühlt sich in seiner Meinung diesem oder jenem verpflichtet. Man kann seine Meinung gar nicht sagen, weil man Rücksicht nehmen muss. Da braucht es zuerst das Schwert, das die Beziehungen spaltet, das jedem seinen eigenen Stand verleiht. Erst wenn jeder auf eigenen Füßen steht, kann er mit dem anderen auf gleicher Augenhöhe sprechen. Und nur dann kann er sachlich an einer Lösung mitarbeiten. Solange um seine Füße die Fesseln geschlungen sind, die die verschiedenen Menschen um ihn geworfen haben, kann er nicht frei denken, kann er sich nicht vom Fleck bewegen. Wer keinen Stand hat, kann auch nicht auf den anderen zugehen. Er fühlt sich gefesselt. Und so kann auch keine Lösung entstehen.

In der Konfliktforschung unterscheidet man sachliche Konflikte von Beziehungskonflikten. Sachliche Konflikte sind oft leicht zu lösen. Beziehungskonflikte brauchen große Behutsamkeit, um sie zu lösen. Das Problem ist jedoch, dass die Beziehungskonflikte oft mit den sachlichen Konflikten verwoben sind. Da ist ein Mann aus dem Team grundsätzlich immer gegen den Vorschlag, der von einem anderen Teammitglied ausgeht, weil er den anderen nicht leiden kann. Oder er kann nicht ertragen, dass der andere mit seinen Vorschlägen mehr beachtet wird als er selbst. Es geht entweder um Rivalität oder um Aversion oder aber auch um innere positive Verflechtung. Man möchte einer Frau aus dem Team immer recht geben und sie immer verteidigen, weil man bei ihr Eindruck machen möchte oder weil es eine innere Sympathie oder eine bewusste Freundschaft mit ihr gibt. Oder man muss diesem Mann recht geben, weil sein Vater mit dem eigenen Vater in einer guten Beziehung steht oder aber weil man Angst hat, der Vater könnte seine Macht gegen einen wenden. Dann schaut man nicht auf die Sache, sondern nur auf die Beziehungsebene. Doch die Beziehungsebene wird nicht geklärt. Genauso wenig wie bei symbiotischen Beziehungen oder bei »konfluenten« Persönlichkeiten kann man bei den Argumenten eines anderen erkennen, auf welcher Ebene er jetzt spricht. Geht es wirklich um die Sache, oder geht es um irgendwelche unklaren und unbewussten Beziehungskonflikte? Die Beziehungskonflikte lassen sich oft nicht lösen. Der erste Schritt für eine sachliche Konfliktlösung besteht jedoch darin, die Mitglieder des Teams oder die Konfliktpartner zu vereinzeln, damit jeder für sich spricht. Dazu braucht es das Schwert der Spaltung, das jeden Einzelnen auf seine eigenen Beine stellt und ihn löst von den Schlingpflanzen, die ihn mit anderen Füßen unter der Oberfläche des Argumentierens verbinden. Oft sind diese Verbindungen wie die Schlingpflanzen unsichtbar oder aber unklar. Man merkt gar nicht, wie die Verwicklungen genau sind. Da braucht es das Schwert, um die Schlingpflanzen zu zertrennen. Nur dann kann man wirklich sachlich miteinander sprechen und um die Lösung des Konflikts ringen.

Als ich vor über 30 Jahren als Cellerar die Verantwortung für den Bau unseres Gästehauses hatte, da besprachen wir viel im Team: mit den Meistern, mit den Gastpatres und den Frauen, die im Gästehaus arbeiteten. Bei der Auswahl der Vorhänge dauerte es länger, bis wir uns einigen konnten. Ich sagte zu dem Vertreter der Vorhangfirma: »Bei uns dauert es leider manchmal etwas länger.« Da meinte er: »Das war doch gar kein Problem. Wenn ich in Frauenklöstern Vorhänge vorstelle, dann merke ich in der Regel genau: Die Schwester wartet erst ab, bis die Oberin gesagt hat, welchen Vorhang sie möchte. Dann ist sie immer ganz und gar dagegen und führt viele Argumente auf, warum sie dagegen ist. Aber eigentlich ist sie nicht gegen den Vorhang, sondern nur gegen den Vorschlag der Oberin.« Dieser alte Vertreter hatte offensichtlich viel Erfahrung mit Verhandlungen und durchschaute die Verwicklungen, die in Gruppen oft herrschen. Aber natürlich läuft es keineswegs nur in Frauenklöstern, sondern auch in Männerklöstern und in Firmen bei vielen Entscheidungen und Konflikten ähnlich ab. Man konzentriert sich nicht auf die Sachargumente, sondern will mit seinem Beharren auf einer Meinung einen anderen ärgern oder ihm schaden. Es ist daher wichtig, bei der Lösung eines Konflikts nicht nur auf die Sachargumente zu schauen, sondern darauf, was gerade in der Gruppe abläuft, was da unter der Oberfläche des Argumentierens an Emotionen hin und her geht und welch kompliziertes Beziehungsgeflecht da möglicherweise zum Vorschein kommt.

Konfliktlösung durch Friedenschließen

In einem kleinen Gleichnis zeigt Jesus einen Weg auf, wie zwei verfeindete Gruppen miteinander Frieden schließen können: »Wenn ein König gegen einen anderen in den Krieg zieht, setzt er sich dann nicht zuerst hin und überlegt, ob er sich mit seinen zehntausend Mann dem entgegenstellen kann, der mit zwanzigtausend gegen ihn anrückt? Kann er es nicht, dann schickt er eine Gesandtschaft, solange der andere noch weit weg ist, und bittet um Frieden« (Lk 14,31f).

Man kann dieses Gleichnis auf der subjektiven Ebene auslegen. Dann würde es bedeuten, dass ich nicht gegen meine inneren Gegner wie Angst, Neid, Ärger, Eifersucht, Depression kämpfe, sondern mit ihnen in Verhandlungen trete. Dann kann ich aus den Feinden Freunde machen. Dann werden die inneren Gegner meine Kraft stärken. Die Angst weist mich auf neue Möglichkeiten in mir hin, der Neid lädt mich ein, meine eigenen Fähigkeiten zu entdecken, anstatt mich ständig mit anderen zu vergleichen. Die Eifersucht zeigt mir, wie stark meine Liebe ist. Indem ich die Eifersucht anerkenne, kann ich sie zugleich loslassen und dankbar sein für meine Liebe. Und die Depression will mir die Frage stellen, wo ich mich überfordere. Für mich ist dieses Gleichnis persönlich wichtig geworden. Als ich mit 19 Jahren ins Kloster eingetreten bin, dachte ich, ich könnte mit meinen zehntausend Soldaten, mit meiner Willenskraft, mit meiner Disziplin, mit meiner Askese alle meine Feinde vernichten. Doch dann bin ich unsanft auf die Nase gefallen. Es wurde mir klar, dass ich mich mit meiner Angst, mit meiner Empfindlichkeit, mit meinem mangelnden Selbstvertrauen nur aussöhnen kann. Die Aussöhnung hat mich reifen lassen. Wenn ich mein Leben lang weiter gegen meine inneren Feinde gekämpft hätte, hätte ich meine ganze Energie in die innere Auseinandersetzung gesteckt. Aber mein Leben wäre nie fruchtbar für andere geworden. Die Feinde in mir, die mir zu Freunden geworden sind, haben mein Leben bereichert und es auch für andere fruchtbar werden lassen.

Ich möchte das Gleichnis Jesu aber bewusst auslegen im Blick auf die Lösung eines Konflikts in einer Gruppe. Oft betrachten wir im Konflikt den, der eine andere Meinung vertritt oder eine andere Strategie fährt, als Feind, den wir bekämpfen müssen. Wir möchten den Feind besiegen. Wir denken uns immer neue Strategien aus, um ihn mit unseren Argumenten zu erdrücken oder in die Knie zu zwingen. Doch Jesus sagt: Wir sollten uns zuerst hinsetzen und überlegen, ob das realistisch ist. Normalerweise wecken wir in dem, den wir bekämpfen, eine Gegenkraft. Und häufig unterschätzen wir diese Gegenkraft. Entspricht die Gegenkraft eher den 20 000 Soldaten, gegen die wir nur unsere 10 000 Soldaten einsetzen können? Wir haben nur unsere Argumente. Doch es kann sein, dass wir in den Konfliktgegnern Kräfte hervorrufen, die auf einer ganz anderen Ebene stehen als unsere Argumente. Und gegen diese oft irrationalen Kräfte sind wir mit unseren rein rationalen Argumenten machtlos. Daher ist es klüger, sich zuerst hinzusetzen und zu überlegen, wie wir mit den Feinden, den Konfliktgegnern umgehen sollen. Jesus sagt, wir sollen – solange wir noch unterwegs sind, solange wir uns also noch nicht in den Haaren haben – in aller Ruhe darüber nachdenken, wie wir mit den Feinden Frieden schließen können. Wir sollen schon im Vorfeld verhandeln, anstatt es auf eine harte Konfrontation ankommen zu lassen, bei der es dann nur Sieger und Verlierer gibt.

Frieden heißt im Griechischen *eirene*. Dieses Wort stammt aus der Musik. Frieden entsteht, wenn alle Töne zusammenklingen, die lauten und leisen, die hohen und tiefen, die hellen und dunklen, die Dissonanzen und Konsonanzen. Das wäre ein schönes Bild für die Lösung eines Konflikts: Jeder der Konfliktgegner hat andere Töne. Er bringt andere Stimmen in das Gespräch ein. Wenn diese Stimmen und Töne in das Gesamtkonzert eingebunden werden könnten, dann würde ein schöneres Konzert ertönen, als wenn nur meine eigenen Töne erklingen. Zusammenklingen – das wäre ein Weg, um zum Frieden, um zur Lösung zu gelangen. Dieses Zusammenklingen zwischen den Konfliktpartnern kann aber nur gelingen, wenn ich auch in mir die hohen und tiefen Töne zusammenklingen lasse. Oft wird ein Konflikt schwierig, weil ich meinen inneren Konflikt auf den äußeren Konflikt übertrage. Nur wenn ich mit mir im Einklang bin, kann ich auch Einklang im Miteinander schaffen. Nur wenn in mir alle Töne zusammenklingen, wird es auch ein Zusammenklingen der verschiedensten Töne in der Gruppe geben. Wer in sich gespalten ist, wird auch die Gruppe spalten. Die anderen spüren instinktiv meine innere Spaltung und vertreten dann die gegensätzlichen Positionen, die auch in mir sind. Ich muss erst ein Gespräch mit den verschiedenen Stimmen in mir führen, um die verschiedenen Positionen in mir zusammenzuführen. Nur so kann dann das Gespräch mit den anderen gelingen.

Das lateinische Wort für Frieden heißt *pax* und kommt von dem Verb *pacisci*. Und das wiederum bedeutet ursprünglich: verhandeln, Gespräche führen, einen Vergleich schließen, etwas verabreden. Die Lateiner verstehen Frieden immer als einen Vergleich zwischen zwei streitenden Parteien. Und dieser Vergleich kann nur durch Gespräche geschlossen werden. In diesem Vergleich gehe ich davon aus, dass der andere das Recht hat, so zu denken, wie er denkt, so zu kämpfen, wie er kämpft. Im Gespräch erkundige ich mich zuerst einmal, was er möchte und warum er dieses Ziel verfolgt. Ich bewerte das, was er möchte, nicht, sondern höre es mir erst einmal an. Dann kann ich mein Ziel darlegen und die Gründe, warum ich diese Strategie verfolge. Im Gespräch können wir dann erkennen, ob wir verschiedene Ziele verfolgen oder ob wir das gleiche Ziel haben, aber andere Wege für sinnvoll halten, um an dieses Ziel zu gelangen. Dann ist es kein Zielkonflikt, sondern ein Beurteilungskonflikt. Und dann können wir unsere verschiedenen Beurteilungen genauer anschauen und darüber diskutieren, warum wir die Situation jeweils so beurteilen. Wenn wir verschiedene Ziele verfolgen, dann wäre es wichtig, die Gründe zu hören, warum wir dieses oder jenes Ziel verfolgen. Dann kann man in aller Ruhe abwägen, welche Vor- und Nachteile dieses oder jenes Ziel hat und wie weit es mit der Philosophie unserer Firma übereinstimmt. Manchmal geht es auch um Verteilungskonflikte. Das vorhandene Geld, die zur Verfügung stehende Zeit, die verkraftbare Anzahl von Arbeitsstellen sind begrenzt. Jeder der Konfliktpartner möchte nun bei der Verteilung möglichst viel bekommen. Da geht es dann darum, das Vorhandene möglichst gerecht zu verteilen. Dabei werden die Meinungen darüber, was wirklich gerechte Verteilung ist, auseinandergehen.

Diese Art, Frieden zu schließen, wie sie uns von der lateinischen Sprache nahegelegt wird, unterscheidet sich von der *pax Romana*, die damals unter Kaiser Augustus im ganzen Reich herrschte. Das war ein Friede, der nicht durch Verhandlungen entstanden war, sondern durch Waffengewalt, durch Unterwerfung. Weil Rom eine starke Militärmacht war, konnten die Römer den ganzen Mittelmeerraum beherrschen und befrieden. Aber dieser gewaltsame Friede hielt nicht lange. Und vor allem war er ständig gefährdet. Denn an allen Ecken und Enden des Reiches gab es Aufstände und daher immer wieder Kriege und gewaltsame Unterwerfungen. Gegenüber diesem gewaltsamen Frieden verkündet Lukas uns in der Geburt Jesu den Frieden, der von Gott kommt und uns geschenkt wird durch eine Liebe, die sich in die Finsternis hinauswagt. Und Jesus selbst zeigt uns in diesem Gleichnis, wie der wahre Frieden in uns selbst und zwischen den Menschen und Völkern möglich wird. Lukas schildert uns Jesus als den wahrhaft gerechten Menschen, der die Sehnsucht der Griechen nach Gerechtigkeit erfüllt.

Liebe und Gerechtigkeit gehören zusammen, damit ein Konflikt gelöst werden kann. Das gilt für die Konflikte in der Partnerschaft. Der Konflikt wird erst dann gelöst, wenn ich mir selbst und dem anderen gerecht werde. Wenn ich – wie in der *pax Romana* – den Frieden nur durch meine Macht erzwinge, werde ich dem anderen nicht gerecht. Die Macht kann sich in meiner Fähigkeit zu argumentieren ausdrücken: Ich drücke den anderen mit meinen Argumenten an die Wand. Die Macht zeigt sich manchmal auch in emotionaler Erpressung: »Wenn du das nicht tust, verletzt du mich. Dann kann ich dich nicht mehr lieben, dann habe ich keine Lust mehr zu leben.« Es gibt viele Machtspiele, mit denen wir einen Scheinfrieden erzwingen. Wenn der Partner auf meine emotionale Erpressung hin nachgibt, entsteht nur ein kurzer Friede. Er wird nicht lange halten, sondern bei der nächsten Meinungsverschiedenheit wieder aufbrechen. Bei Konflikten in der Partnerschaft gilt, was der erfahrene Eheberater Lorenz Wachinger schreibt: »Es geht darum, einen Konflikt in mühsamer Suche nach einem guten, gerechten Kompromiss auszugleichen; das bedeutet, dass sich keiner von beiden voll durchsetzt, sondern zu einem Entgegenkommen bereit ist. Es nützt absolut nichts, wenn ein Sieger und ein Besiegter übrig bleiben und einer von den Streit-Partnern sein Gesicht verliert; die Konstellation eines Siegers und Besiegten ist ihrer Natur nach unstabil, sie wird kippen und das Verhältnis umdrehen« (Wachinger 28).

Wer Gerechtigkeit sät, wird Frieden ernten. Dieser Grundsatz gilt auch für die Konfliktlösung in Firmen. Wenn der Friede durchgesetzt wird, ohne dass ich den verschiedenen Gruppierungen oder Mitarbeitern in der Firma gerecht werde, wird kein dauerhafter Friede möglich sein. Und es gilt vor allem auch im politischen Bereich. Wenn mächtige Länder andere unter Druck setzen, wenn sie ihnen nicht das Recht auf Selbständigkeit zusprechen, sondern sie mit ihrer Macht bedrohen, kann kein dauerhafter Friede entstehen. Heute können mächtige Länder nicht nur durch militärische Macht, sondern auch durch wirtschaftliche Macht andere Länder unterdrücken und bedrohen. Wenn sich diese Länder nicht gerecht behandelt fühlen, wird kein Friede entstehen. Auch hier kann nur über Verhandlungen, die den starken und den schwachen Ländern gerecht werden, Frieden geschaffen werden.

Wenn die Konfliktparteien nicht bereit sind, miteinander zu verhandeln, sondern sich nur bekämpfen, dann verbrauchen sie beide sehr viel Energie im Kampf gegen den anderen. Wer nur 10 000 Soldaten hat, wird seine Energie damit verschwenden, Widerstand zu leisten. Er wird Gräben ausheben und sich dahinter verschanzen. Aber er hat dann keine Energie mehr für wirkliche Lösungen. Und die andere Partei mit den 20 000 Soldaten wird auf erbitterten Widerstand treffen und viel Energie dabei verlieren, diesen Widerstand zu brechen. Und selbst wenn diese Partei siegt, werden die Verlierer alles daransetzen, die Lösung auf ihre Weise zu sabotieren. Sie können das nicht mehr öffentlich. Denn öffentlich sind sie unterlegen. Aber es gibt genügend Wege, Sand ins Getriebe zu streuen, die Lösung nur halbherzig zu verfolgen, Anweisungen zu vergessen, sich zu verspäten oder irgendwelche anderen Strategien zu entwickeln, um seine unterdrückte Aggression weiterhin auszuleben.

Das Gespräch um Frieden hat das Ziel, dass die beiden Könige ihre Soldaten zusammenschließen. Dann haben sie 30 000 Soldaten, also wesentlich mehr Energie als vorher. Und ihr Land und ihr Horizont werden weiter. Das ist auch das Ziel der Konfliktlösung. Es gibt dann kein Gegeneinander mehr, sondern ein Miteinander-Kämpfen. Und der Horizont wird durch den Frieden, den man schließt, weiter. Das Land wird größer. Die Möglichkeiten vermehren sich. Die Frage ist, wie wir zu einem solchen

Friedensschluss gelangen, bei dem es keine Verlierer gibt, sondern nur Gewinner, bei dem die Feinde zu Freunden werden. Ich möchte einige mögliche Wege zu diesem Frieden aufzeigen und einige Regeln für diese Wege aufzustellen.

Die sieben Regeln für friedliche Konfliktlösung

Die *1. Regel:* Versuchen Sie genau zu beschreiben, wo der Konfliktpunkt liegt, worum es bei dem Konflikt geht und welche verschiedenen Wege die Konfliktparteien verfolgen.

Die *2. Regel:* Hören Sie genau hin, wie die Konfliktpartner ihre Position darlegen. Unterbrechen Sie die anderen in ihrem Vortrag nicht. Fragen Sie nach, wenn Sie etwas nicht genau verstehen. Versuchen Sie, das, was der andere gesagt hat, mit Ihren Worten zu wiederholen. Und versuchen Sie, diese Position zu verstehen. Beim Zuhören denken Sie nicht gleich an Ihre Gegenargumente, sondern sagen Sie sich vor: Der andere darf so denken. Ich versuche mir nur vorzustellen, welche Folgen seine Lösungsvorschläge haben.

Die *3. Regel:* Legen Sie Ihre Position klar dar. Dabei ist es wichtig, dass Sie versuchen, das Problem sachlich so zu schildern, wie Sie es sehen. Aber nehmen Sie auch Ihre Gefühle nicht heraus. Denn es gibt keine rein sachlichen Probleme. Eine Erkenntnis aus der Gruppendynamik lautet: »Wer über seine Gefühle hinweggeht, wird darüber stolpern.« Zeigen Sie Ihre Gefühle. Sonst werden die

Gefühle an anderer Stelle wieder auftauchen und das Gespräch blockieren.

Die *4. Regel:* Kreisen Sie nicht ständig um die Vergangenheit, sondern suchen Sie für die Zukunft nach einer Lösung. Daher geht es auch nicht darum, zu erforschen, wer schuld ist an der momentanen Situation. Das würde nur zu Rechtfertigungen und zum Angriff führen. Fragen Sie aber doch nüchtern, was die verschiedenen Konfliktparteien jeweils zu der derzeitigen Situation beigetragen haben. Und fragen Sie sich gemeinsam, wie Sie aus dieser Situation herauskommen können.

Die *5. Regel:* Lassen Sie die beiden Positionen gelten, ohne sie zu bewerten. Und dann fragen Sie: Welche Lösungswege wären denkbar? Jede der beiden Parteien ist eingeladen, eine mögliche Lösung vorzuschlagen. Dabei sollte jede Partei sich selbst nicht aufgeben und verleugnen, aber auch die Anliegen der Gegenpartei als berechtigt anerkennen. Wenn beide Konfliktparteien ihre Lösungsvorschläge gemacht haben, kann man darüber diskutieren, welche Folgen diese neuen Vorschläge haben. Und man sollte darüber sprechen, wie sich die Konfliktpartner dabei fühlen, ob sie sich ernst genommen oder übergangen fühlen. Allerdings geht es nicht darum, die eigene Sturheit durchzuhalten und sich auf keinen Kompromiss einzulassen. Wenn eine Partei blockiert, kann man vorschlagen, dass jede Partei nochmals intern bespricht, wie sie die Situation sieht. Dann kann man wieder zusammenkommen und schauen, ob man sich nähergekommen ist. Wenn keine Konfliktlösung in Sicht ist, sollte man das klar benennen und sagen: Momentan haben wir keine Lösung. Dabei sollte die Schuld nicht einer Partei zugeschoben werden. Man sollte das Scheitern des Gesprächs anerkennen, aber zugleich darauf hoffen, dass bei einem späteren Gespräch, auf das man sich einigt, eine Lösung möglich wird.

Die *6. Regel:* Wenn Sie eine gemeinsame Lösung erarbeitet haben, dann legen Sie diese Lösung schriftlich fest und vereinbaren Sie, dass jeder sich an diese Lösung halten wird. Schließen Sie mit dieser schriftlichen Fixierung die Lösungsfindung ab. Verzichten Sie darauf, weiter nachzudenken, ob nicht ein anderer Vorschlag besser wäre. Entscheiden Sie sich dann für die vereinbarte Lösung, ohne anderen Optionen nachzutrauern. Das Nachtrauern würde nur Ihre Energie auffressen.

Die *7. Regel:* Wenn es ein schwieriger Lösungsweg war, dann feiern Sie die Lösung. Das entspannt die Situation und bringt die Konfliktpartner auf einer anderen Ebene zusammen. Trinken Sie ein Glas Sekt miteinander und stoßen Sie auf die Lösung und auf eine gute Zusammenarbeit in der Zukunft an. Und danken Sie allen Beteiligten, dass sie an der Lösung mitgearbeitet haben. Denn dass eine Lösung möglich wird, liegt an der Bereitschaft aller, sich aufeinander einzulassen und ein Stück weit von der eigenen Position abzurücken.

Was ich hier an Regeln aufgestellt habe, das wird häufig auch praktiziert. Bei vielen Tarifkonflikten gibt es bei den ersten Verhandlungen keine Lösung. Jede Partei beharrt auf ihrer Position. Aber dann nähert man sich doch an. Wenn die beiden Positionen unversöhnt gegeneinanderstehen, braucht man oft einen unabhängigen Schlichter. Wenn man selber eine Lösung gefunden hat oder sich aufgrund des Schlichterspruches geeinigt hat, dann wird das

Ergebnis meistens gemeinsam vorgestellt und auch gefeiert. Und beide Positionen fühlen sich dann als Sieger. Denn jeder musste etwas von seinen Vorstellungen abweichen, um sich der anderen Position anzunähern.

Wohin es führt, wenn diese Regeln nicht eingehalten werden, das haben die Verhandlungen zwischen Republikanern und Demokraten bei den Budgetstreitigkeiten in den USA vor und nach den letzten Präsidentschaftswahlen gezeigt. Man hatte den Eindruck, dass den Parteien nicht das Wohl des Landes ein Anliegen war, sondern dass sie nur den Gegner besiegen wollten, selbst wenn das ganze Land dadurch Schaden erleiden würde. Diese Verhandlungen waren also ein Beispiel, wie man es nicht machen darf. Gerade die Nation, die so sehr die Demokratie betont, hat der Welt gezeigt, wie man eben diese auch zugrunde richten kann, wenn man nicht bereit ist, miteinander in ehrliche Verhandlungen zu treten. Die Einigung, die im letzten Augenblick erzielt wurde, war kein wirklicher Kompromiss. So werden die misslungenen Gespräche sich weiterhin unheilvoll für das Land, ja für die ganze Welt auswirken.

Versöhnungsrituale

In der christlichen Tradition gibt es Versöhnungssrituale. So ein Versöhnungsritual ist die persönliche Beichte, in der ich die bedingungslose Annahme durch Gott erfahre. Es gibt auch gemeinschaftliche Rituale wie eine Bußandacht, in der wir gemeinsam über unsere Fehler nachdenken und sie ins Erbarmen Gottes halten. Auch die Eucharistiefeier ist ein Versöhnungsritual. Wir essen und trinken Jesu Leib und Blut, um mit ihm eins zu werden und in ihm eins zu werden mit allen, die gemeinsam mit uns Mahl halten. Ein Mahl zu halten bedeutet in der christlich-jüdischen Tradition immer: nichts gegen den anderen zu haben, sondern gemeinsam sich der Gaben Gottes zu erfreuen. Jemanden zum Mahl einzuladen ist ein Akt der Versöhnung mit ihm. Und so feiert Gott, der uns zum Mahl Jesu einlädt, mit uns gemeinsam Versöhnung.

Es gibt aber auch weltliche Formen von Ritualen, um Konflikte zu lösen. Ich möchte nur einige Beispiele beschreiben.

Versöhnung zwischen verfeindeten Völkern

Das Verhältnis der Deutschen etwa zu Polen oder dem früher so genannten »Erbfeind« Frankreich hat sich in den letzten Jahrzehnten nicht nur durch aktive Politik, sondern auch durch symbolische, ritualisierte Formen der Versöhnung gewandelt. Der Kniefall Willy Brandts in Warschau oder das gegenseitige Halten der Hände von Helmut Kohl und François Mitterrand auf einem ehemaligen Schlachtfeld sind ins allgemeine Bewusstsein eingegangen. Aber auch auf anderen Ebenen sind solche Zeichen der Versöhnung passiert. Der Fürst von Castell etwa, ein überzeugter evangelischer Christ, hat 50 Jahre nach Kriegsende in den Ländern, gegen die Deutschland Krieg geführt hat und die durch die Deutschen viel Leid erfahren haben, Versöhnungsrituale angeregt und durchgeführt. Er fuhr immer wieder mit einer Gruppe befreundeter Christen aus Deutschland in diese Länder und hat dort über Freunde eine Gruppe von Menschen aus diesen Völkern eingeladen zu einem gemeinsamen Gottesdienst. Dort hat er sich im Namen der Deutschen entschuldigt für alles, was die Deutschen diesem Volk angetan haben. Dann hat ein Vertreter dieser Völker das angesprochen, was er als Schuld gegenüber den Deutschen empfindet, und sich dafür entschuldigt. Anschließend hat man miteinander Brot gebrochen und es gemeinsam gegessen. Und man hat gemeinsam Wein getrunken als Bild für die Liebe Gottes, die die Grenzen zwischen den Menschen überwindet. Der Fürst von Castell hat dieses Versöhnungsritual auch zwischen Juden und Christen durchgeführt. Die Teilnehmer waren alle sehr berührt. Er ist in die Dörfer gegangen, die unter der Herrschaft seiner Vorfahren Leid erfahren haben, und hat sich für seine Vorfahren entschuldigt für das, was sie an Unrecht getan haben. Das hat eine neue Beziehung der Menschen in diesen Dörfern ermöglicht und ein Aufarbeiten der alten Konflikte, die unbewusst in diesen

Dörfern und zwischen verschiedenen Dörfern vorhanden waren.

Auch wenn ein solches Ritual nicht alle Konflikte zwischen den Völkern oder bestimmten Gruppen löst, ist es doch ein Hoffnungszeichen. Es bringt Bewegung in die Beziehung zwischen den Völkern. Es versöhnt zumindest die Menschen, die an diesem Ritual teilnehmen. So ein Ritual ist wie ein Sauerteig, der dann auch ein ganzes Volk durchdringen und es mit dem Geist der Versöhnung erfüllen kann. Wenn an einem Ort Versöhnung stattgefunden hat, hat das auch Auswirkungen auf die Umgebung. Natürlich werden an solchen Ritualen grundsätzlich nur Menschen teilnehmen, die zur Versöhnung bereit sind. Aber das Ritual macht diese Versöhnung öffentlich und verwandelt damit die Öffentlichkeit.

Versöhnung zwischen den Ehepartnern

Der Eheberater und Psychotherapeut Hans Jellouschek hat die Erfahrung gemacht, dass es sogenannte »Streitpaare« gibt. Auch in der Eheberatung werden die alten Konflikte und Verletzungen ständig wiederholt und als Vorwurf gegen den anderen verwendet. Für solche Situationen hat Jellouschek Versöhnungsrituale entworfen und praktiziert. Er schlägt sie als Abschluss einer Paartherapie vor. Rituale schließen eine Tür und öffnen eine andere. Mit dem Ritual wird die Tür des Konflikts geschlossen, und die Tür in eine neue Zukunft öffnet sich. Und Rituale »stellen Symbole und Formulierungen zur Verfügung, die uns ermöglichen, in Wort und Geste zum Ausdruck zu bringen, was wir spontan schwer sagen und ausdrücken können« (Jellouschek 160).

So ein Versöhnungsritual für ein Ehepaar sieht in etwa so aus: Jeder Partner schreibt auf, was ihn verletzt hat und wo er denkt, dass er den anderen gekränkt hat. Und er bittet um Vergebung für das, was er dem Partner angetan hat, und sichert dem anderen seine Bereitschaft zu vergeben zu. Und er kleidet seine Bitte in eine feste Formel, dass er von jetzt an dem anderen nicht mehr vorwerfen wird, was war, dass er die alte Verletzung nicht mehr benutzen wird, um in ihm Schuldgefühle hervorzurufen. So eine Antwort könnte so heißen: »Ich höre und sehe, dass du meine Verletzungen anerkennst und dass sie dir leidtun. Ich nehme deine Bitte an, ich verzeihe dir, und ich bin bereit, meine Verletzungen loszulassen. Darum sichere ich dir zu, dass ich sie in Zukunft in Auseinandersetzungen nicht mehr nennen werde. Befreit von dieser Last möchte ich mit dir zusammen in eine neue Zukunft gehen« (Jellouschek 167). In gleicher Weise erzählt der Partner, was ihn verletzt hat und wo er den anderen gekränkt hat, und sagt, dass er bereit ist, zu vergeben und das Vergangene loszulassen. Darauf können beide die Versöhnung in einem Ritual feiern. Sie können die Zettel, die sie geschrieben haben, gemeinsam verbrennen oder vergraben und einen Baum pflanzen, gleichsam einen Versöhnungsbaum, der sie immer wieder an ihre Versöhnung erinnert. Oder sie können ein festliches Mahl miteinander halten. Oft laden solche Paare auch einen Dritten oder andere Paare zu ihrem Versöhnungsritual ein, damit es für sie zur Verpflichtung wird, ab heute das Vergangene loszulassen und nicht mehr als Waffe gegen den anderen zu benutzen.

Die Paartherapie hat erkannt, wie wichtig solche Versöhnungsrituale für den Fortbestand einer Ehe sind. In jeder Ehe entstehen Missverständnisse und Verletzungen. Das kann man gar nicht verhindern. Aber oft werden die Verletzungen gegeneinander aufgerechnet. Und gerade dann, wenn die Schuld des anderen offen zutage tritt, etwa wenn er einen Seitensprung gemacht hat, benützt der andere diese Verletzung häufig, um nun den anderen zu unterdrücken. Er hat ja offensichtlich Schuld auf sich geladen. Jetzt hat man ein gutes Machtmittel in der Hand. Immer wenn es Probleme gibt, wird diese Schuld angeführt und dem anderen vorgeworfen. Er hat nun kein Recht mehr, seine Gefühle von Ärger und Enttäuschung zu äußern. Er muss für immer in Sack und Asche Buße tun. Damit aber wird eine Beziehung zur Hölle. Der Partner wird zwar nicht in ein öffentliches Gefängnis geworfen, wie es früher der Fall war. Aber das Gefängnis, in das das ewige Vorwerfen der Schuld einschließt, ist noch viel grausamer. Das Problem liegt darin, dass das Opfer das Bedürfnis hat, dass der Täter die Verletzung anerkennt, die er zugefügt hat. Häufig versucht der Täter, sich zu rechtfertigen. Und dann wird der verletzte Partner seine Verletzung nicht loslassen. Er möchte erfahren, dass sie gesehen und anerkannt wird. Das Ritual hilft dazu. Deshalb sagt der Täter nach Jellouschek im Ritual: »Ich habe gehört, womit ich dich verletzt habe. Ich anerkenne, dass ich dich damit verletzt habe, auch da, wo ich es nicht absichtlich wollte. Es tut mir leid, dass ich dich damit verletzt habe. Bitte verzeih mir!« (Jellouschek 166f).

Das Versöhnungsritual ist wichtig, damit ein Paar immer wieder neu anfangen kann. Versöhnung befreit von der Last der Vergangenheit. Sie reinigt die Atmosphäre, damit beide Partner hier und jetzt leben können, ohne die Altlasten vergangener Kränkungen. Ich kenne Ehepaare, die auch in ihrem Alltag kleine Versöhnungsrituale praktizieren. Wenn es Missverständnisse zwischen den Ehepartnern gegeben hat, dann zündet einer die Hochzeitskerze an. Das ist für den Partner immer ein Signal, dass der andere bereit ist zum Gespräch und zur Versöhnung. Er wird nicht bedrängt, sofort den Konflikt anzusprechen. Denn manchmal ist man noch so erregt, dass ein Gespräch nicht weiterhilft. Man würde sich nur gegenseitig vorwerfen, was der andere verkehrt gemacht und wo er einen verletzt hat. Die Erregung muss sich erst setzen. Das Anzünden der Hochzeitskerze ist für den Partner eine Einladung, langsam zur Ruhe zu kommen, von seinem Ärger und seinem Groll zu lassen und sich auf den anderen einzulassen. Es ist eine sanfte Einladung und kein Druck, den man ausübt.

Für die kleinen alltäglichen Konflikte würde das Ritual genügen, am Abend gemeinsam laut das Vaterunser zu beten. Wenn beide die Bitte aussprechen: »Vergib uns unsere Schuld, wie auch wir vergeben unseren Schuldigern«, dann reinigt diese Bitte die Atmosphäre. Da gibt es dann keine Aufrechnung, wie groß der Anteil an Schuld bei beiden jeweils war. Man muss die Schuld auch nicht benennen, den Konflikt nicht nochmals durchsprechen. Mit dem lauten Beten wird die Schuld einfach losgelassen, und man öffnet sein Herz wieder für den anderen. Die kleinen Konflikte tagsüber werden allein durch diese laut gesprochene Bitte bereinigt.

Versöhnungsrituale in einer Gruppe oder einer Firma

Das Versöhnungsritual ist kein Ersatz für ausführliche Konfliktgespräche. Aber es schließt einen Versöhnungsprozess ab und vertieft ihn. Wenn sich zwei Menschen in der Firma gestritten und sich im Gespräch wieder versöhnt haben, dann gehen sie nicht einfach auseinander. Sie geben sich die Hand. Vielleicht umarmen sie sich auch, weil es sie dazu drängt. Oder sie trinken ein Glas Wein miteinander oder eine Tasse Kaffee oder Tee. Es braucht ein Ritual, um die Versöhnung auch äußerlich kundzutun. Im gemeinsamen Weintrinken kann sich dann die Versöhnung vertiefen. Dann ist auch ein lockeres Gespräch wieder möglich.

Wenn eine Gruppe ein schwieriges Konfliktgespräch hinter sich hat, dann braucht es auch ein Ritual, um die Versöhnung nach außen kundzutun. Es genügt nicht, nur ein Protokoll zu schreiben, das dann alle Teilnehmer unterschreiben. Es braucht auch äußere Rituale. Je nachdem, wie die Situation einer Gruppe ist, kann man das Versöhnungsritual rein weltlich gestalten, etwa in einem gemeinsamen Fest oder einfach indem man mit einem Glas Sekt anstößt und jedem etwas Gutes wünscht. Rein weltliche Versöhnungsrituale werden häufig als gemeinsame Pressekonferenz gefeiert. Man tritt gemeinsam vor die Presse und verkündet vor der Presse das erreichte Ergebnis. Dabei gibt es kein Nachkarten. Vielmehr spricht man eine gemeinsame Sprache und hat für die Gegenpartei nur freundliche Worte. Denn dass das Ergebnis zustande gekommen ist, verdanken die Konfliktpartner ja allen Beteiligten.

Wenn in einer Firma ein schwieriger Konflikt gelöst worden ist, kann man zur Erinnerung an die gemeinsame Lösung ein Bild aufhängen. Dazu eignet sich eine Karikatur, die die verschiedenen Konfliktparteien und ihre Einigung auf humorvolle Weise darstellt. Oder man stellt andere Symbole sichtbar als Zeichen der Versöhnung auf: einen Versöhnungsbaum, an dessen Zweige die Mitarbeiter ihre Anmerkungen zu der erreichten Lösung aufhängen können, als Dank, als Wunsch, als Worte der Hoffnung und Zuversicht. So ein Versöhnungszeichen bringt Entspannung, Lockerheit und Leichtigkeit in den gelösten Konflikt. Die Spannung bei den Verhandlungen, die manchmal eine ganze Firma in Atem hält, löst sich, und alle können ihren Beitrag zur Entspannung an den Baum hängen.

Es ist auch möglich, ein religiöses Ritual zu feiern. Das gilt natürlich vor allem für Konflikte in religiösen Gemeinschaften oder in der Pfarrgemeinde. Es könnte aber auch in Firmen möglich sein, die offen sind für Spiritualität. Die Gruppe könnte sich in einen Kreis stellen, sich an der Hand nehmen und gemeinsam laut das Vaterunser beten. Wenn alle die Bitte aussprechen: »Vergib uns unsere Schuld, wie auch wir vergeben unseren Schuldigern«, dann werden da keine Schuldzuweisungen ausgesprochen, sondern man hält die gemeinsame Schuld Gott hin und vollzieht in diesem Ritual zugleich die Vergebung den anderen gegenüber.

Eine andere Art von Versöhnungsritual ist eine sogenannte Bußandacht. Man geht in eine Kirche und trifft sich zu einer Andacht. Man liest Versöhnungstexte aus der Bibel vor und singt Lieder, die die Singenden miteinander verbinden. Und dann hält man eine Gewissenserforschung über das, was jeder zu dieser Konfliktsituation beigetragen und wo er eine Lösung lange Zeit verhindert hat. Die Konfliktparteien halten gemeinsam und miteinander ihre Schuld Gott hin. So urteilt niemand über den anderen. Im Eingeständnis der Schuld werden alle Feiernden zu einer Gemeinschaft. Gott vergibt uns gemeinsam, wo wir schuldig geworden sind. So werden keine Schuldzuweisungen ausgesprochen. Alle fühlen sich nach so einer Bußandacht innerlich befreit und offen, mit den anderen gemeinsam den Weg weiterzugehen. Man kann die Bußandacht abschließen, indem sich alle gemeinsam an der Hand nehmen. Dann spricht man in diesen Kreis hinein Gottes Segen, der uns miteinander verbindet und uns füreinander zum Segen werden lässt. Und dann kann man alle zum Friedensgruß einladen. Jeder geht dann auf den anderen zu und wünscht ihm den Frieden. Das kann per Handschlag geschehen oder durch eine Umarmung. Man kann den Friedensgruß aber auch durch ein festes Ritual vollziehen, das etwa so aussehen könnte: Wir halten gemeinsam unsere Hände in Form einer Schale Gott hin. Wir überlegen, was Gott uns in die Hand gegeben hat, wo diese Hände bisher segensreich gewirkt haben und wo sie auch etwas abgehalten und abgebremst haben. Wir übergeben alles, was wir mit unseren Händen getan haben, in das Erbarmen Gottes, der uns mit seinen guten Händen umschließt und trägt. Man könnte dann diese Gebärde mit dem gemeinsamen Kyrie eleison beenden.

Ein anderes Ritual wäre: Wir schauen unsere offenen Hände an. Dann gehe ich mit meinen offenen Händen auf einen anderen zu und zeichne in seine offenen Hände ein

Kreuz mit einer Bitte, wie etwa: »Gott segne deine Hände, damit von deinen Händen Segen ausgeht, dass alles, was du in die Hand nimmst, für dich und für die Menschen Segen bringt.« Dann zeichnet der andere mir ein Kreuz in die Hände und spricht seine persönlichen Segenswünsche. So können wir zu jedem in der Gruppe hingehen und dieses Ritual miteinander vollziehen. Der Segen wird alle Konflikte, die im Gespräch geklärt worden sind, nochmals auf eine tiefere Weise auflösen und uns im Segen Gottes miteinander verbinden.

Schluss

Konflikte prägen unser Menschsein. Wenn es keine Konflikte gäbe, gäbe es auch kein Voranschreiten. Aber es gibt auch Konflikte, die lähmen, die viel Energie kosten und die in einer Gruppe eine negative Stimmung verbreiten. Manche leiden so sehr darunter, dass sie davon krank werden. Sie können nicht mehr in die Gruppe gehen. Sie fühlen sich innerlich zerrissen. Umso wichtiger ist es, dass wir Wege finden, Konflikte zu lösen und sie so zu bewältigen, dass sie uns gemeinsam nach vorne bringen.

Wir können Konflikte nur lösen, wenn wir sie uns zugestehen und wenn wir mit der Hoffnung in die Konfliktgespräche hineingehen, dass sich der Streit lösen lässt und dass daraus Segen erwachsen kann. Die Bibel zeigt uns viele Wege, wie wir mit Auseinandersetzungen und schwierigen Situationen umgehen können. Wir erkennen die hilfreichen Weisungen der Bibel aber erst dann, wenn wir sie bewusst auf dem Hintergrund unserer Konflikte lesen. Und es ist hilfreich, die Worte der Bibel mit den Einsichten der Psychologie zu verbinden. Dann geht uns die Weisheit der Bibel erst richtig auf. Und wir spüren, dass die Bibel uns gute Wege zeigt, die wir auch heute zu gehen vermögen, um Konflikte auf eine menschliche und zugleich auf eine spirituelle Weise zu lösen.

Die Bibel fordert uns zuerst auf, die Konflikte, die in unserer eigenen Seele liegen, anzuschauen und mit uns selbst Frieden zu schließen, mit uns in Einklang zu kommen. Dann geht es darum, den Konflikt mit einem anderen Menschen anzuschauen. Der Konflikt deckt mir etwas auf über meine eigene Seele und über die Seele des anderen. Konflikte führen uns in eine größere Selbsterkenntnis und in eine bessere Kenntnis der menschlichen Seele überhaupt. Wenn ich Konflikte in der Partnerschaft so löse, dann können sie die Partnerschaft durchaus lebendig halten. Durch Konflikte kann die Partnerschaft wachsen, reifer und lebendiger werden.

Auch die Lösung von Konflikten in einer Gruppe gelingt nur, wenn wir die Konflikte der eigenen Seele bedenken und die Projektionsmechanismen wahrnehmen, mit denen wir unsere Probleme oft auf die anderen projizieren. Konfliktlösung – so sagt die Bibel – verlangt immer Ehrlichkeit uns selbst gegenüber, Demut (als den Mut, die eigene Menschlichkeit und Brüchigkeit anzunehmen) und den Glauben an den guten Kern im anderen. Nur dann können wir uns in einem Konflikt nahekommen und nach neuen Lösungen Ausschau halten. Dazu kommt der Wille, den Konflikt nicht nur konfrontierend anzugehen, sondern ihn auch zu lösen. Wer in das Konfliktgespräch geht mit der festen Absicht, seine eigene Position durchzudrücken, der verhindert eine angemessene Lösung. Bei der konkreten Lösung des Konflikts braucht es aber neben der Gesinnung der Friedfertigkeit, der Demut und einer Portion Hoffnung auch ein gutes methodisches Handwerkszeug. Es gibt heute die Ausbildung zum Moderator bzw. Mediator. In dieser Ausbildung lernt man, wie man schwierige Gespräche leitet und wie man dazu beitragen kann, dass Konfliktparteien sich einander annähern. Die

Erkenntnisse heutiger Kommunikationspsychologie sind gerade auch für jene wichtig, die meinen, allein durch eine christliche Gesinnung alle Konflikte lösen zu können.

So wünsche ich Ihnen, liebe Leserin, lieber Leser, dass Sie für die Konflikte, in die Sie gestellt sind – Konflikte mit sich selbst, mit einer anderen Person oder in einer Gruppe –, einen guten Weg finden. Die Arbeit an der Lösung der Konflikte wird dazu beitragen, dass Sie persönlich wachsen und reifer werden, dass Sie das Potential Ihrer Seele entdecken und dass die Angst vor Konflikten, die Sie vielleicht seit Ihrer Kindheit plagt, vergeht. So wünsche ich Ihnen, dass Sie durch die Lösung der Konflikte zum Segen werden für die beteiligten Parteien und dass Sie so zum Frieden in Ihrer Umgebung beitragen, zu einem Frieden, der zum Sauerteig der Versöhnung werden möge für die ganze Welt.

Literatur

Anselm Grün, *Vergib dir selbst*, Münsterschwarzach 1999.

Hans Jellouschek, *Warum hast du mir das angetan? Untreue als Chance*, München 1997.

Carl Gustav Jung, *Gesammelte Werke*, Band 11, Zürich 1963.

Hedwig Kellner, *Lass dich nicht auf die Palme bringen! Konflikte positiv lösen*, München 1997.

Birgit Theresia Koch, *Hinter jedem Konflikt steckt ein Traum, der sich entfalten will*, München 2008.

Isabel Nitzsche, *Erfolgreich durch Konflikte. Wie Frauen im Job Krisen managen*, Hamburg 2001.

Marc Oraison, *Mit Konflikten leben*, Freiburg 1973.

Adrian Schenker, *Versöhnung und Sühne. Wege gewaltfreier Konfliktlösung im Alten Testament. Mit einem Ausblick auf das Neue Testament*, Freiburg/Schweiz 1981.

Lorenz Wachinger, *In Konflikten nicht verstummen. Wie Paare wieder reden lernen*, Düsseldorf 1993.

Texte, die zum täglichen Ritual werden können

Anselm Grün
Jeden Tag zur Ruhe kommen
Jahresbegleiter
Zweifarbig mit Leseband
160 Seiten | Hardcover
ISBN 978-3-451-00663-0

Bei sich ankommen und sich nicht aus dem Gleichgewicht bringen lassen. In sich ruhen und doch ganz präsent sein. In all dem Druck, dem Lärm, der Hast sich so in sich selber verankern, dass die Seele still wird und doch achtsam auf alles, was wesentlich ist. Das kann man lernen. Und das kann man üben. Der Königsweg zum sinnvollen und vertieften Leben. Ein Impuls zu mehr Lebendigkeit, mitten im Leben. Wie einfach das geht, zeigt Anselm Grün mit einem Impuls für jeden Tag.

In jeder Buchhandlung

HERDER
Lesen ist Leben

www.herder.de

Lebenselexier und Balsam – das Beste für die Seele

Anselm Grün
Was der Seele gut tut
160 Seiten | Hardcover
ISBN 978-3-451-00559-6

Was brauchen wir wirklich, um gut zu leben und glücklich zu werden? Unsere Seele sagt es uns: Wir brauchen Wurzeln und Flügel, Weite und Klarheit, gute Räume der Entfaltung und Orte der Stille, der Konzentration und Geborgenheit.
Die schönsten Texte Anselm Grüns, die helfen, den Reichtum der eigenen Seele zu entdecken. Belebend, inspirierend. Balsam für den Alltag.

In jeder Buchhandlung

HERDER
Lesen ist Leben

www.herder.de